Manfred Mai

Jubiläumsausgabe

Bibliografische Information der Deutschen Nationalbibliothek:
Die Deutsche Nationalbibliothek verzeichnet diese Publikation
in der Deutschen Nationalbibliografie.
Detaillierte bibliografische Daten sind im Internet
über *http://dnb.d-nb.de* abrufbar.

Die Geschichten sind erstmals erschienen in
„Die schönsten 1, 2, 3 Minutengeschichten" (2010),
„Meine liebsten 1, 2, 3 Minutengeschichten" (2008),
„100 neue 1, 2, 3 Minutengeschichten" (2011),
„1, 2, 3 Minutengeschichten zur Frühlingszeit" (2013),
„Die besten 1, 2, 3 Minutengeschichten" (2012) und
„Kunterbunte 1, 2, 3 Minutengeschichten" (2006)

1 2 3 4 5 E D C B A

© 2017 Ravensburger Buchverlag Otto Maier GmbH
Umschlag- und Innenillustrationen: Dominik Rupp

Alle Rechte dieser Ausgabe vorbehalten durch
Ravensburger Buchverlag Otto Maier GmbH
Postfach 18 60, 88188 Ravensburg

Printed in Germany

ISBN 978-3-473-36598-2

www.ravensburger.de

Manfred Mai

Minuten-Geschichten

Mit Bildern von Dominik Rupp

Ravensburger Buchverlag

1·2·3 Minuten-Geschichten

KUSCHELN & TRÄUMEN

1 = kurze Geschichte

2 = mittellange Geschichte

3 = lange Geschichte

KICHERN & SCHMUNZELN

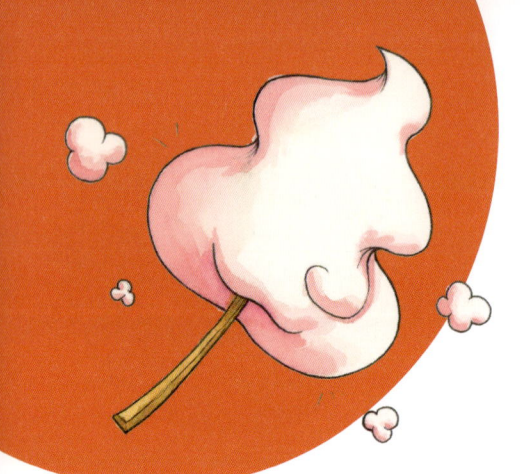

NACHDENKEN & STAUNEN

Trösten & Mutmachen

VORWORT

Was gibt es Schöneres für Kinder und Eltern, als an einem gemütlichen Plätzchen eng aneinandergekuschelt gemeinsam eine Geschichte zu lesen. Wenn sie den Kindern gefallen hat, wünschen sie sich noch eine und noch eine.

Dieses „Noch eine!" hat mich vor mehr als 25 Jahren auf die Idee zu den Minutengeschichten gebracht. Bei kurzen Geschichten, die nur wenige Minuten lang sind, können Eltern den Wunsch ihrer Kinder nach noch einer Geschichte doch leicht erfüllen. In diesem Jubiläumsband sind nun die besten Geschichten aus den zehn Bänden der letzten 25 Jahre versammelt. Außer der Länge gab es von Anfang an keine Beschränkung. Ich habe lustige und ernste, realistische und märchenhafte Geschichten erzählt, die sich letztlich vier Kategorien zuordnen lassen, in die auch diese Ausgabe eingeteilt ist: Kuscheln und Träumen, Kichern und Schmunzeln, Nachdenken und Staunen, Trösten und Mut machen. So kann für jede Situation die passende Geschichte ausgewählt werden.

Ob nun kurze oder längere Geschichten, wichtig ist es, den Kindern vorzulesen. Wer sich dafür täglich Zeit nimmt, tut seinem Kind, aber auch sich selbst sehr viel Gutes. Vorlesen und Erzählen stärkt die Beziehung zwischen Eltern und Kindern und vermittelt den Kindern, dass sie wichtig sind.

Geschichten nehmen Kinder mit auf Reisen in andere Welten und regen damit ihre Fantasie an. Aber Geschichten können noch viel mehr: Kinder, denen früh und regelmäßig vorgelesen wird, entwickeln einen größeren Wortschatz und ein besseres Sprachverständnis; ihre Konzentrationsfähigkeit und ihre Intelligenz werden gefördert. Beim Zuhören denken sich Kinder in andere Wesen hinein, fühlen, überlegen und entscheiden mit ihnen … Geschichten tragen also dazu bei, dass Kinder die Welt „mit verschiedenen Augen" sehen – eine Voraussetzung dafür, sich eine klare und differenzierte Meinung bilden zu können. Und das ist in unserer globalisierten Welt mit ihren multikulturellen Gesellschaften wichtiger denn je.

Deshalb mein Wunsch zum Schluss: Lesen Sie Ihren Kindern Geschichten vor – und noch eine und noch eine …

Herzlich, Ihr Manfred Mai

KUSCHELN
UND
TRÄUMEN

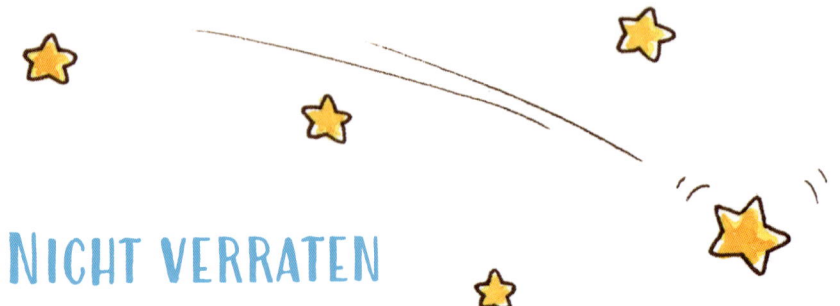

NICHT VERRATEN

Ein schöner Herbsttag ist zu Ende. Mama und Marlene
sitzen auf dem Balkon und betrachten den Sternenhimmel.

„Wie viel Sterne gibt es?", fragt Marlene.

„Das weiß niemand", antwortet Mama.

„Ich möchte so gern mal einen Stern berühren", sagt Marlene. „Nur einmal."

Mama lächelt. „Ich auch. Aber leider sind sie alle viel zu
weit weg."

„Schade."

Mama streichelt ihre Tochter zärtlich und flüstert ihr ins
Ohr: „Du, Schatz, es ist Zeit fürs Bett."

„Nur noch ein kleines Weilchen", bittet Marlene. „Die
Sterne sind so schön."

Bevor Mama etwas sagen kann, ruft Marlene: „Schau mal
dort!" Sie zeigt auf einen hellen Punkt, der vom Himmel
fällt.

„Das ist eine Sternschnuppe", sagt Mama. „Jetzt musst du
dir schnell etwas wünschen! Du darfst den Wunsch aber
niemandem verraten, sonst geht er nicht in Erfüllung."

Beide starren wie gebannt nach oben, bis der helle Punkt
nicht mehr zu sehen ist.

„Hast du dir etwas gewünscht?", möchte Mama wissen.

Marlene nickt.

Mama schmunzelt. „Weißt du, was ich mir gewünscht habe?
Dass du gleich ins Bett gehst."

„Aber Mama", sagt Marlene und grinst. „Jetzt geht dein
Wunsch natürlich nicht in Erfüllung."

Nach Süden

Im kalten Grönland lebte einmal ein Eisbär namens Emil. Sein Fell war nicht so dick wie das der anderen Eisbären und Emil fror oft jämmerlich. Deswegen träumte er von einem Land, in dem es immer schön warm war.

Von vorüberziehenden Vögeln hatte er gehört, dass es im Süden nicht nur ein warmes Land gab, sondern viele warme Länder. Dort wollte Emil hin, auch wenn seine Freunde sagten, warme Länder seien nichts für Eisbären.

Eines Tages lag Emil mal wieder bibbernd im Schnee und schaute sehnsuchtsvoll übers Wasser nach Süden. Da schwamm eine große Eisscholle vor seiner Nase vorbei. Emil überlegte nicht lange, sprang drauf und trieb mit der Eisscholle aufs Meer hinaus. Seine Freunde riefen aufgeregt hinter ihm her, aber Emil winkte ihnen zu und rief zurück: „Ich fahre nach Süden."

Viele Tage trieb Emil auf dem Meer, und je weiter er nach Süden kam, desto kleiner wurde die Eisscholle. Bald war sie so klein, dass sie Emil nicht mehr tragen konnte. Also musste er ins Wasser und schwimmen.

Zum Glück dauerte es nicht lange, bis Emil vor sich eine Insel aus dem Meer auftauchen sah. Er war von der langen

Reise ziemlich erschöpft und erreichte mit letzter Kraft das
Ufer. Dort ließ er sich einfach fallen und schlief vor Erschöp-
fung ein.

Etwas Feuchtes weckte ihn. Das Feuchte machte sich an
Emils Nase zu schaffen. Er schlug die Augen auf und blickte
in zwei dunkle Augen. Das Feuchte war eine Zunge, die zu
einem Bärenmaul gehörte. Emil erschrak, rollte sich zur
Seite, stellte sich auf die Hinterbeine und brummte.

„Guten Morgen", begrüßte der Bär Emil.

„Du ... du bist ... ja braun", stammelte Emil ängstlich.

„Natürlich", sagte der braune Bär. „Alle Bären sind braun
... äh ..."

„Wo ich herkomme, sind alle Bären weiß", erklärte Emil
dem braunen Bären.

„Weiß?", brummte der braune Bär. „Und wo kommst du
her?"

Emil erzählte von seiner Heimat, von den Eisbären und der Kälte und von seiner abenteuerlichen Fahrt übers Meer.

Der braune Bär hörte aufmerksam zu, dann fragte er: „Und jetzt möchtest du bei uns leben?"

„Wenn es hier immer so schön warm ist", antwortete Emil.

„Hm", machte der braune Bär. „Warm ist es hier schon, aber wir müssen die anderen fragen, ob du bei uns bleiben kannst."

Die anderen Bären hatten nichts dagegen und Emil durfte auf der Insel bleiben. Er bedankte sich und legte sich gleich in die Sonne.

„Die Wärme ist herrlich und tut wunderbar gut", brummte er zufrieden.

STERNSCHNUPFEN

Einmal hatte ein Stern Schnupfen, einen richtig schlimmen Sternschnupfen. Dem Stern lief die Nase und er musste immerzu niesen. Bei einem besonders kräftigen Nieser überschlug er sich, konnte sich nicht mehr halten, fiel vom Himmel und landete auf der Erde – genau vor dem Fenster des kleinen Martin. Der lag in seinem Bett und schlief. Durch das Niesen des Sterns wurde Martin wach. Er wunderte sich, dass es so hell in seinem Zimmer war, als würde ein Scheinwerfer durch den Vorhang leuchten. Noch mehr wunderte er sich jedoch über das Niesen vor dem Fenster. Martin stand auf, tappte durchs Zimmer und zog den Vorhang zurück. Er traute seinen Augen kaum, als er den funkelnden Stern auf dem Fenstersims liegen sah. „Was … wo … wie kommst denn du hierher?", stotterte er.
Der Stern nieste und sagte etwas, aber durch das geschlossene Fenster verstand Martin ihn nicht. Also öffnete er es. „Ich habe – hatschi! – einen furchtbaren – hatschi! – Schnupfen und bin vom – hatschi! – Himmel gefallen. Allein komme ich – hatschi! – nicht mehr hinauf.
Deswegen – hatschi! – bitte ich dich – hatschi! – mir zu helfen – hatschi!" Bei jedem Niesen hopste der Stern ein wenig hoch.

„Aber … wie … wie soll ich dir helfen?", fragte Martin überrascht.

„Du musst mich – hatschi! – mit viel Schwung zum – hatschi! – Himmel hinaufwerfen, dann kann ich – hatschi! – allein weiterfliegen – hatschi!"

„Aber ich …"

„Bitte – hatschi!"

Langsam streckte Martin die Hand aus und tastete nach dem Stern. Er war nicht heiß, wie Martin vermutet hatte. Zwischen zwei Niesern ergriff er vorsichtig eine Spitze.

„Jetzt wirf mich hoch – hatschi!"

Martin warf ihn mit viel Schwung hoch. Der Stern schwebte über das Nachbarhaus in Richtung Himmel bis zu seinem alten Platz. Und jedes Mal, wenn er niesen musste, sah es so aus, als blinzle er Martin zu.

Zeit zum Schlafen

Papa war mal wieder auf einer langen Geschäftsreise.
Wie meistens bringt er seinem Sohn Lukas ein Geschenk mit:
einen braunen Teddy, der fast so groß ist wie Lukas. Lukas
nennt seinen neuen Freund Brummi. Wenn er mit ihm redet,
leiht er Brummi seine Stimme und brummt ein bisschen.
„Ich bin noch gar nicht müde", sagt Lukas zu Brummi mit
normaler Stimme.
„Ich auch nicht", sagt die brummige Brummistimme.
„Sollen wir noch etwas spielen?", fragt Lukas.
„Klar", antwortet Brummi.
Papa steckt den Kopf zur Tür herein. „Mit wem redest du
denn?"
„Mit Brummi."
„Und was sagt er?"
„Dass er kein bisschen müde ist und noch gar nicht schlafen
kann", antwortet Lukas.
„Soso." Papa schmunzelt. „Na ja, vielleicht brauchen Teddy-
bären weniger Schlaf als …"
„Brummi ist kein Teddybär", unterbricht Lukas ihn.
„Brummi ist mein Freund."
„Ja, schon … aber für kleine Jungen ist jetzt Bettzeit", sagt
Papa bestimmt.

„Ich bin kein kleiner Junge, ich bin Brummis Freund!"

„Gut, dann geht der große Lukas jetzt mit seinem großen Freund Brummi ins Bad zum Waschen und Zähneputzen."

Ohne noch ein Wort zu sagen, marschiert Lukas mit Brummi an Papa vorbei.

Als sie wieder aus dem Bad kommen, wartet Papa schon mit dem Gutenachtgeschichtenbuch in Lukas' Zimmer.

Lukas zieht seine Kleider aus, seinen Schlafanzug an und legt sich mit Brummi ins Bett.

Papa beginnt zu lesen: „Regina sagte ihren Kuscheltieren Gute Nacht und …"

Brummi flüstert Lukas etwas ins Ohr.

Papa hört auf zu lesen und fragt: „Was ist los?"

„Brummi hat noch Durst."

„Ach", sagt Papa, „nur Brummi, du nicht auch?"

Lukas nickt und ist mit seinem Freund schon auf dem Weg in die Küche.

Als sie zurückkommen, ist Papa so in die Geschichte vertieft, dass er die beiden gar nicht gleich bemerkt.

„Da seid ihr ja wieder. Na, habt ihr euren Durst gelöscht?", fragt Papa und gähnt.

Beide nicken.

„Dann schnell ins Bett mit euch!"

Es dauert eine ganze Weile, bis die beiden richtig liegen und Papa wieder lesen kann. Er beginnt noch einmal von vorn:

„Regina sagte ihren Kuscheltieren Gute Nacht und knipste die Leselampe aus. Von draußen fiel Licht durch die halb geöffnete Tür. Aus dem Wohnzimmer waren ..."

„Papa, ich muss mal“, murmelt Lukas.

Papa rollt die Augen.

„Ganz dringend, sonst mach ich ins Bett.“

„Aber schnell!“

Lukas hebt die Decke hoch und springt aus dem Bett.

„Nimm deinen Freund gleich mit, sonst muss der bestimmt in fünf Minuten auch“, sagt Papa.

Lukas schnappt Brummi und geht mit ihm aufs Klo. Es dauert eine Weile, bis sie zurückkommen. Papa hat die Geschichte von Regina und ihren Kuscheltieren inzwischen durchgelesen.

„Wo wart ihr denn so lange?", fragt er. „Ich hab schon gedacht, ihr hättet euch selbst runtergespült."

Lukas guckt ihn verwundert an. „Aber ... das ... das geht doch gar nicht."

„Schon gut", murmelt Papa und gähnt. „Das sollte nur ein Scherz sein."

Lukas und Brummi liegen kaum im Bett, da liest Papa schon weiter: „Aus dem Wohnzimmer waren gedämpfte Stimmen zu hören. Sonst war alles still und Regina schlief bald ein. Kurz nach halb ..."

„Wo ist Puschel?", fragt Lukas plötzlich. „Ohne meinen Puschel kann ich nicht schlafen."

„Du hast doch deinen Freund Brummi."

„Ich brauche aber meinen Puschel, sonst kann ich nicht schlafen", wiederholt Lukas.

„Dann such ihn", sagt Papa.

Lukas sucht, findet Puschel aber im Kinderzimmer nicht.

„Vielleicht hast du ihn vorhin aufs Klo mitgenommen", murmelt Papa.

Lukas läuft hinaus, aber im Klo findet er Puschel nicht und im Bad auch nicht. Von dort geht er ins Wohnzimmer und entdeckt Puschel unter dem Tisch.

„Da bist du ja", sagt er erleichtert. „Komm mit, wir müssen ins Bett. Papa und Brummi warten schon auf uns."

Auf dem Weg zurück ins Kinderzimmer hört Lukas ein eigenartiges Geräusch. Er bleibt stehen und lauscht. Das ist doch ...

Leise geht Lukas weiter und sieht durch die offene Tür,
dass Papa neben Brummi im Bett liegt und schläft. Dabei
schnarcht und schmatzt er wie ein Schweinchen.
Lukas überlegt, ob er Papa aufwecken soll, lässt ihn aber
lieber schlafen. Ganz vorsichtig holt er Brummi aus dem Bett
und setzt sich mit ihm und Puschel auf den Boden.
Sie schauen die Bilder in dem Buch an und Lukas erzählt
dazu Gutenachtgeschichten.

WER HÄTTE DAS GEDACHT?

Regina sagte ihren Kuscheltieren Gute Nacht und knipste die Leselampe aus. Von draußen fiel Licht durch die halb geöffnete Tür. Aus dem Wohnzimmer waren gedämpfte Stimmen zu hören. Sonst war alles still und Regina schlief bald ein. Kurz nach halb zehn quiekte das Schwein: „He, du liegst auf meinem Ringelschwänzchen!"

„Hättest du nicht so einen komischen Ringelschwanz, sondern so ein schönes Stummelschwänzchen wie ich, könnte ich auch nicht draufliegen", lispelte der Hase.

„Wenn ich so lispeln würde wie du, wäre ich lieber still", grunzte das Schwein.

„Ruhe!", brummte der Brummbär. „Sonst werfe ich euch beide aus dem Bett!"

„Das könnte dir so passen", grunzte das Schwein. „Dass du wieder allein bei Regina im Bett wärst."

„Du machst dich sowieso immer so dick", lispelte der Hase, drehte sich blitzschnell um und schlug mit den Hinterpfoten aus, dass der Bär bis ans Fußende des Bettes flog.

Das Schwein quiekte: „Gut gemacht, Hase! Das hätte ich dir gar nicht zugetraut."

„Ich kann noch viel mehr", lispelte der Hase. „Pass mal auf!" Und ehe sichs das Schwein versah, lag es neben dem Brummbären.

Die Maus kam aus ihrer Ecke gehuscht und legte sich aufs Kopfkissen. Als der Hase das sah, wurde er wütend. „Noch so eine mit einem komischen Schwanz! Los, verschwinde hier!"

„Immer auf die Kleinen", piepste die Maus und kroch zurück in ihre Ecke.

Der Hase kuschelte sich so dicht an Regina, dass er ihre Nasenspitze berührte. Das kitzelte Regina, sie musste niesen und drehte sich auf die andere Seite, wo der Frosch saß.

„Oh, wie schön!", quakte der Frosch glücklich. „Sie mag mich lieber als euch alle!"

„Dich mögen!" Die andern lachten. „Ausgerechnet dich mit deinen großen Glupschaugen! Das glaubst du ja selber nicht."

„Ihr seid ja nur neidisch", quakte der Frosch und schmiegte sich an Regina.

Inzwischen waren der Bär und das Schwein vom Fußende des Bettes zurück. Sie warfen den Frosch einfach aus dem Bett. Dann stürzten sie sich auf den Hasen, der nach kurzem Kampf besiegt auf dem Rücken lag.

„Lasst mich im Bett", bat er. „Ich lege mich auch ganz an den Rand."

„Nichts da! Raus mit dir!", brummte der Bär und gab dem

Hasen einen Tritt, dass er aus dem Bett flog. Dann wollte er sich neben Regina aufs Kopfkissen legen – genau wie das Schwein. Und weil sie sich nicht einigen konnten, kam es zu einem heftigen Kampf, bei dem beide über die Bettdecke aus dem Bett rollten.

Nach einer Weile streckte die Maus ihr Näschen aus der Ecke und roch, dass die Luft rein war. Sie huschte heraus und kuschelte sich an Regina.

Am nächsten Morgen dachte Regina, sie hätte den Frosch, den Hasen, den Bären und das Schwein in der Nacht aus Versehen aus dem Bett geschubst. Aber du weißt ja jetzt, wie es wirklich war.

SIEBENMAL

Paulchen Siebenschläfer gähnte siebenmal. Da wusste er, dass es Zeit zum Schlafen war. Er trippelte zu seinem Bett, legte sich hinein und drehte sich siebenmal hin und her, bis er schön gemütlich lag. Dann legte er seine sieben Kuscheltiere neben sich und rief nach Mama Siebenschläfer.
Wie jeden Abend musste sie ihrem Sohn Paulchen sieben Gutenachtgeschichten erzählen, damit er einschlafen konnte. Aber heute hatte sie einfach keine Lust, so lange zu erzählen, und machte schon nach der sechsten Geschichte Schluss.
„Schlaf schön", sagte sie und küsste ihren Sohn siebenmal auf sein Schnäuzchen.
Paulchen Siebenschläfer sagte seinen sieben Kuscheltieren noch Gute Nacht und schloss die Augen.
Es dauerte nicht lange, da rief er nach seiner Mama und klagte: „Ich kann nicht einschlafen."
„Hm", machte Mama Siebenschläfer nur.
„Vielleicht ist eines meiner Kuscheltiere aus dem Bett gefallen", sagte Paulchen Siebenschläfer und zählte sie. Alle sieben lagen im Bett.
„Hast du mich auch siebenmal geküsst?", fragte er.
Mama Siebenschläfer nickte.
„Und sieben Gutenachtgeschichten erzählt?"

„Ich glaube schon", flunkerte Mama Siebenschläfer.
Paulchen Siebenschläfer wollte es genau wissen und fing an
zu zählen: „Eine vom Hasen, eine vom Schnee, eine vom
Fuchs, eine vom Regen, eine vom Bären, eine vom Wind –
und sonst keine mehr! Das sind aber nur sechs. Die siebte
fehlt, deswegen kann ich nicht einschlafen."
Mama Siebenschläfer setzte sich noch einmal an Paulchens
Bett und erzählte ihm als siebte Geschichte eine vom Mond.
Und weil sie ein schlechtes Gewissen hatte, wurde es eine
besonders lange Gutenachtgeschichte.

DER SCHLUMISCHUBU

Gestern hatte Lena einen schlimmen Traum und traut sich deswegen heute nicht ins Bett. Sie hat Angst, der schlimme Traum könnte wieder kommen.

Papa setzt sich zu Lena ans Bett und versucht, ihr die Angst auszureden. Doch als er aus dem Zimmer geht, ist die Angst immer noch da.

Lena starrt an die Decke. Sie öffnet die Augen extraweit, um ja nicht einzuschlafen. Aber das ist ziemlich anstrengend. Und es dauert nicht lange, da kommt auch schon der Schlumischubu an Lenas Bett. Er hebt sie hoch und flüstert ihr ins Ohr: „Hab keine Angst, kleine Lena. Ich bringe dich jetzt ins Land der Träume."

Der Schlumischubu ist ein unsichtbarer Riese. Er trägt alle Kinder, die Angst vor schlimmen Träumen haben, ins Land der Träume. Dort beschützt er diese Kinder und passt auf, dass der schlimme Traum nicht wieder zu ihnen kommt. Der Schlumischubu ist so riesig, dass sich nicht einmal die allerschlimmsten Träume in seine Nähe trauen. Deswegen haben die Kinder nur schöne Träume, bis der Schlumischubu sie am Morgen wieder in ihr Bett legt.

„Ich wünsche dir einen schönen Tag", flüstert er Lena ins Ohr. „Und wenn du mich brauchst, komme ich heute Abend wieder."

Bis zu den Wolken

Ann-Katrin sitzt auf der Gartenmauer und baumelt mit den Beinen. Sie langweilt sich mal wieder, weil sie niemand zum Spielen hat. Da fahren mehrere Lastwagen und Zugmaschinen mit langen Anhängern vorbei. Ann-Katrin weiß sofort, was das bedeutet: Aus dem Festplatz wird ein Rummelplatz. Sie läuft ins Haus und ruft: „Mama! Mama! Sie bauen einen Rummelplatz auf!"

„Ist ja gut, deswegen brauchst du nicht so zu schreien", sagt Mama.

„Gehst du mit mir auf den Rummel?", fragt Ann-Katrin.
„Das weiß ich noch nicht", antwortet Mama. „Ich muss für
deinen Geburtstag noch ganz viel vorbereiten und habe …"
„Ich wünsch mir zum Geburtstag aber einen Besuch auf
dem Rummelplatz!", unterbricht Ann-Katrin ihre Mama.
„Aber Schatz, jetzt habe ich eben schon etwas anderes
geplant", erwidert Mama. „Außerdem kommen …"
Ann-Katrin drückt die Hände gegen die Ohren, läuft hinaus
und macht sich auf den Weg zum Festplatz. Dort schaut sie
den Männern bei der Arbeit zu.
Am nächsten Tag, ihrem Geburtstag, schleicht Ann-Katrin
nach dem Mittagessen heimlich aus dem Haus.

„Hallo!", begrüßt einer der Männer sie auf dem Rummelplatz. „Da bist du ja wieder. Du kannst es wohl kaum erwarten, bis es losgeht, was?"

„Ich habe heute Geburtstag!", sagt Ann-Katrin.

„Soso." Der Mann lächelt. „Dann darfst du natürlich als Erste mit dem Karussell fahren."

„Ich habe aber kein Geld dabei."

„Das macht nichts", sagt der Mann, „ich schenke dir eine Fahrt zum Geburtstag. Auf welchem Tier möchtest du sitzen?"

„Auf dem Schwan", antwortet Ann-Katrin sofort.

Der Mann setzt sie hinauf, geht in ein Häuschen und startet das Karussell. Zuerst dreht es sich langsam, dann schneller und schneller.

„Flieg, mein lieber Schwan!", ruft Ann-Katrin.

„Wohin soll ich fliegen?"

„Bis zu den Wolken!"

„Dann halte dich gut an mir fest", sagt der Schwan und hebt ab.

Er dreht eine Runde über den Rummelplatz und fliegt über das Städtchen. Ann-Katrin entdeckt ihre Mutter im Garten, winkt und ruft: „Hallo, Mama! Hier bin ich, hier oben!"

Aber ihre Mutter hört und sieht sie nicht.

Der Schwan fliegt höher und höher, bis Ann-Katrin eine Wolke mit der Hand berühren kann. Sie leckt ihre Finger ab und sagt: „Schmeckt wie Zuckerwatte."

„Weil du heute Geburtstag hast", sagt der Schwan. „Nimm, so viel du willst, es ist ja genug da."

Ann-Katrin nascht ordentlich von der süßen Wolkenzucker-watte. Dann fliegt der Schwan zurück und landet sanft auf dem Karussell. Ann-Katrin rutscht hinunter und steht auf wackligen Beinen neben ihm.

„Na, war's schön?", fragt der freundliche Mann.

Ann-Katrin nickt nur. Alles dreht sich noch um sie, und ihr ist ein wenig übel. „Das kommt bestimmt von der vielen Wolkenzuckerwatte", denkt sie.

WER MUSS INS BETT?

Mama ist Mitglied im Stadtrat und hat mal wieder eine wichtige Sitzung. Papa döst wie fast jeden Abend vor dem Fernseher. Maximilian sitzt auf dem Boden und baut mit seinen Legosteinen einen Turm. Er ist extra leise, damit er Papa nicht aufweckt. Denn solange Papa döst, kann er ihn nicht ins Bett bringen.

Der Turm wird höher und höher und ist bald so hoch, dass Maximilian nicht mehr im Sitzen bauen kann, sondern aufstehen muss. Als der Turm Maximilian bis ans Kinn reicht, schwankt er und stürzt mit Holterdiepolter ein. Papa fährt hoch. „Was machst du denn für einen Krach?

Kannst du nicht leiser spielen?" Er schaut auf die Uhr.
„Sowieso solltest du längst im Bett sein."

„Ich bin aber noch gar nicht müde", sagt Maximilian.

„Quatsch!", brummt Papa etwas mürrisch. „Ich bin ja sogar
müde."

„Dann musst du ins Bett, und ich erzähle dir eine Gutenachtgeschichte", meint Maximilian.

Papa guckt überrascht. Dann gähnt er und sagt: „Das ist gar
keine schlechte Idee."

Wenig später liegen beide im Ehebett. Maximilian erfindet
die Geschichte vom Riesen, der immer müde ist. Und es
dauert nicht lange, bis Papas Augen zufallen.

„Gute Nacht, Papa", flüstert Maximilian.

Er dreht sich auf seine Einschlafseite und ist bald bei Papa
im Land der Träume.

ICH BIN SCHON GROSS, ICH KANN DAS ALLEIN

Die Sonne schien in die Bärenhöhle und kitzelte den kleinen Bären. Im Halbschlaf zuckte die kleine Bärennase ein paarmal.

Dann wachte er auf, rieb sich den Schlaf aus den Augen und sprang aus dem Bett.

Mama Bär wollte ihm beim Anziehen helfen. Aber der kleine Bär sagte: „Ich bin schon groß, ich kann das allein." Er schlüpfte in seine Hose, und es störte ihn kein bisschen, dass er sie verkehrt herum anhatte.

Papa Bär wollte ihn füttern. Aber der kleine Bär sagte: „Ich bin schon groß, ich kann das allein." Er nahm den Löffel und aß den Beerenbrei. Es störte ihn auch kein bisschen, dass er seine Hose und den Tisch ziemlich bekleckerte.

Weil so schönes Wetter war, machte Familie Bär einen Spaziergang durch den Wald. Unterwegs stellte sich der kleine Bär auf einen umgestürzten Baum, streckte die Arme hoch und rief: „Ich bin sooo groß!"

Nach einer Weile kamen sie an einen Bach.

„Ich habe Durst!", rief der kleine Bär.

Mama Bär wollte ihn trinken lassen. Aber der kleine Bär sagte: „Ich bin schon groß, ich kann das allein." Er legte sich auf den Bauch und trank. „Ah, das war gut. Jetzt hab ich Hunger!"

Papa Bär wollte ihm zeigen, wie man Fische fängt. Aber der kleine Bär sagte: „Ich bin schon groß, ich kann das allein."
Er tappte in den Bach, rutschte aus und landete im Wasser.
Papa Bär packte ihn blitzschnell mit seinen kräftigen Pranken und trug ihn ans Ufer. Dann fing er für den kleinen Bären einen großen Fisch.
Nachdem sie gegessen und sich ausgeruht hatten, machten sie sich auf den Heimweg.
Als sie wieder vor ihrer Höhle standen, wurde es schon dunkel, und der kleine Bär war müde.
Mama Bär sagte: „Du bist doch schon sooo groß. Willst du überhaupt noch, dass ich dich ins Bett bringe?"

Der kleine Bär nickte.

Es dauerte nicht lange, da kam der kleine Bär angeschlurft und murmelte: „Es ist so dunkel, und etwas raschelt immer unter meinem Bett."

„Soll ich mal nachsehen, was dort raschelt?", fragte Papa Bär.

„Nein", sagte der kleine Bär schnell. „Ich möchte bei euch im Bett schlafen."

Wenig später lag der kleine Bär zwischen Mama Bär und Papa Bär.

„Gute Nacht, mein großer kleiner Bär", flüsterte Mama Bär und strich ihm zärtlich über den Kopf.

Der kleine Bär kuschelte sich an sie und schlief ein.

GUTE NACHT

Oma hört ziemlich schlecht. Manchmal finden Tom und Clara das ganz schön nervig. Vor allem, wenn sie etwas fünfmal sagen müssen, bis Oma es endlich versteht.
Doch manchmal kann ihr schlechtes Gehör auch von Vorteil sein.
Zum Beispiel wenn Mama und Papa abends ausgehen.
Dann kommt Oma zu Tom und Clara, damit sie nicht allein sind. Das finden die beiden prima. Denn Oma meckert nicht immer über das Fernsehen wie Mama und Papa.
Im Gegenteil, Oma sieht selbst gern fern. Deswegen dürfen Tom und Clara mit ihr auch noch eine halbe Stunde Abend-

programm sehen. Allerdings keinen Krimi, denn Krimis mag
Oma nicht. Am liebsten schaut sie Tiersendungen und alte
Liebesfilme an.

Aber egal, was im Fernsehen läuft, spätestens nach einer
halben Stunde fallen Omas Augen zu. Dann stellt Tom
schnell den Ton leiser, dass Oma bestimmt nichts mehr hört
und nicht aufgeweckt wird.

Wenn sie ganz ruhig sind und Glück haben, schläft Oma
richtig ein. Dann können sie so lange fernsehen, bis sie selber
auch einschlafen.

Na denn, gute Nacht!

Ein schöner Tag beginnt

Karoline wacht auf. Sie hebt den Kopf und schaut zur Tür.
Es fällt nur ein matter Lichtschein ins Zimmer.
„Jessi, schläfst du noch?", flüstert Karoline.
Ihre Schwester gibt keine Antwort. Karoline bleibt noch eine
Weile liegen, dann hält sie es nicht mehr aus und steht auf.
Mit ihrem Schmusebären unterm Arm schleicht Karoline zur
Tür. Einen Moment bleibt sie stehen und lauscht – es ist
mucksmäuschenstill. Sie drückt ihren Schmusebären fest an
sich und geht hinaus auf den Flur.
Alles ist duster, nirgendwo brennt Licht. Karoline guckt ins

Schlafzimmer ihrer Eltern. Beide schlafen noch, die Vorhänge sind zugezogen.

Vorsichtig schließt Karoline die Tür wieder. Dann geht sie ins Wohnzimmer, kuschelt sich in eine Sofaecke und spricht leise mit ihrem Schmusebären.

Draußen zwitschern die Vögel. Noch nie hat Karoline die Vögel so gehört. Es klingt, als wäre das ganze Wohnzimmer voller Vögel. Karoline schiebt einen Stuhl vor das Fenster und setzt sich drauf, damit sie den Vögeln schön zuschauen kann.

Als die ersten Sonnenstrahlen zum Fenster hereinfallen, ist Karoline mit ihrem Schmusebären im Arm längst wieder eingeschlafen. Und im Traum fliegt sie mit den Vögeln über die erwachende Stadt. Das hat sie schon lange einmal machen wollen.

KICHERN
UND
SCHMUNZELN

DURCHEINANDER

Vor vielen, vielen Jahren, als noch viele Gegenden unserer Erde unerforscht waren, entdeckte ein Forscher zwischen zwei Bergen ein kleines Tal. Dort traf er auf ein Schwein, das ihn laut anbellte. Der Forscher wich zurück und stammelte: „Du … du … du bist … doch ein Schwein, du kannst doch nicht bellen."

„Du hast doch gehört, dass ich es kann." Das Schwein machte ein paar Schritte auf den Forscher zu. „Was bist denn du für einer und was willst du hier?"

„Ich … ich bin Forscher und erforsche alles, was auf der Erde lebt", antwortete er und sah das Schwein kopfschüttelnd an. „Ein bellendes Schwein habe ich noch nirgendwo gesehen."

„Ich kann auch zwitschern, wenn dir das lieber ist."

„Zwitschern?"

Schon zwitscherte das Schwein aus vollem Hals.

„Das gibt's nicht", murmelte der Forscher.

Während er noch dem zwitschernden Schwein zuhörte, kam eine Katze angelaufen und grunzte. Gleich hinter ihr trabte eine Kuh, die gefährlich knurrte.

Der Forscher raufte sich die wenigen Haare, die er auf dem Kopf hatte. „Jetzt fehlt nur noch, dass ein Hund auftaucht, der miaut, und ein Pferd, das schnattert wie eine Ente."

„Kein Problem", sagte das Schwein. „Komm mit!"

Es dauerte nicht lange, bis sie ein Pferd und einen Hund trafen.

Der Hund bellte, als er den Fremden sah.

„Der bellt ja richtig wie ein Hund", wunderte sich der Forscher.

„Warum soll er nicht so bellen?", fragte das Schwein.

Der Forscher war völlig durcheinander. „Ich … ich denke … du hast doch gesagt, er kann miauen."

„Kann er auch. Aber wenn ein Fremder kommt, bellt er erst mal."

Das Schwein sagte etwas zu dem Hund und zu dem Pferd, was der Forscher aber nicht verstand. Der Hund schaute ihn an und miaute, das Pferd begann zu schnattern wie eine Ente.

„Wie… wieso könnt ihr das?"

„Das haben wir uns gegenseitig beigebracht", antwortete das Schwein.

„Und wieso kannst du wie ein Mensch reden?", wollte der Forscher wissen.

„Weil meine Vorfahren Hausschweine waren."

„Hausschweine?" Das war zu viel für den Forscher. Er hüpfte wie ein Känguru davon und schnatterte, bellte, knurrte, miaute, wieherte, muhte und zwitscherte wild durcheinander. Und wenn ihn niemand eingefangen hat, hüpft er heute noch.

DRUNTER UND DRÜBER

Am Morgen geht es bei Gesslers meistens drunter und drüber.

„Wo sind meine …"

„Gib mir mal …"

„Du sollst nicht …"

„Ich muss jetzt …"

Solche und ähnliche Sätze schallen jeden Morgen kreuz und quer durchs Haus. Doch der wichtigste Satz lautet: „Beeil dich, sonst kommst du zu spät!"

„Ich will mich nicht immer beeilen!", ruft die fünfjährige Lisa heute und stampft mit dem Fuß. „Ich will nicht! Ich will nicht! Ich will nicht!"

„Ich will auch nicht!", ruft der neunjährige Alexander und stampft mit Lisa im Takt.

„Ich will auch nicht!", stimmt die zwölfjährige Christina ein und stampft mit.

Einen Augenblick lang sehen sich die Eltern überrascht an. Dann stampft der Vater auf den Boden und ruft: „Ich will auch nicht!"

„Glaubt ihr, ich will?", ruft die Mutter und stampft ebenfalls mit.

Im Gänsemarsch stampfen sie um den Tisch und rufen im Chor: „Ich will nicht! Ich will nicht! Ich will nicht!"

Nach der dritten Runde ergänzt Christina den Satz und schreit: „Ich will nicht immer müssen!"

Sofort stimmen die andern ein: „Ich will nicht immer müssen! Ich will nicht immer müssen!"

Sie stampfen und schreien, bis ihnen Füße und Hals wehtun.

„Ich kann nicht mehr!", seufzt Papa und holt eine Flasche Saft aus dem Kühlschrank.

„Ich will auch!", ruft Lisa.

Alle setzen sich an den Tisch und trinken.

„Das war toll!", sagt Lisa.

„Und es hat richtig gutgetan", stellt die Mutter fest.

Der Vater nickt. „Ich fühle mich irgendwie leichter."

„Und jetzt?", fragt Christina. „Was tun wir jetzt?"

„Jetzt bringe ich Alexander und Christina ausnahmsweise mit dem Auto zur Schule", antwortet der Vater. „Und Mama gibt im Kindergarten Bescheid, dass Lisa heute etwas später kommt. Davon geht die Welt bestimmt nicht unter."

Piraten putzen keine Zähne

Viele Kinder lesen gern Piratengeschichten. Manche träumen auch davon, als gefürchtete Piraten über die sieben Weltmeere zu fahren. Und manchmal fühlen sie sich wie richtige Piraten. So ein kleiner Pirat ist auch Daniel.

Piraten führen ein freies Leben, sie tun immer, was sie wollen, ohne sich an Gesetz und Ordnung zu halten. Deswegen bekommt Daniel mit seinen Eltern öfter Probleme.

„Räum endlich mal wieder dein Zimmer auf!", sagt Mama jeden Tag.

„Piraten räumen kein Zimmer auf." Das hat Daniel ihr mindestens schon hundertmal erklärt.

Jeden Abend soll Daniel schon um acht ins Bett.

„Piraten sind um acht noch nicht müde!", sagt Daniel.

„Und putz deine Zähne ordentlich!"

„Piraten putzen keine Zähne!", ruft Daniel. „Höchstens mit Rum."

„Untersteh dich!", warnt Mama.

Wenn er am Morgen seinen Piratensäbel umschnallt, sagt Mama: „Im Kindergarten brauchst du keinen Säbel. Nimm lieber einen Schirm mit, es sieht nach Regen aus."

„Piraten haben ihren Säbel immer dabei", belehrt Daniel sie.

„Aber einen Schirm brauchen Piraten nie, weil sie nämlich keine Angst vor dem Wasser haben."

Das hätte er lieber nicht so laut sagen sollen, denn mit dem Wasser ist es so eine Sache. Daniel mag es überhaupt nicht gern.

Trotzdem will Mama, dass er sich jeden Tag wäscht. „Und mindestens einmal in der Woche müssen auch Piraten baden", meint sie.

Mit dem Waschen ist es kein Problem, da trickst Daniel sie meistens aus. Beim Baden klappt das leider nie. Denn Mama besteht darauf, ihm in der Wanne eigenhändig die Haare zu waschen, obwohl das unter der Würde eines Piraten ist. Das eklige Shampoo brennt in den Augen und schmeckt teuflisch bitter auf der Zunge. Daniel wird es davon jedes Mal übel. Aber das ist Mama egal. „So ein bisschen Schaum macht einem richtigen Piraten doch nichts aus."

Zum Glück lässt sie Daniel nach dem Haarewaschen in Ruhe. Aber die riesige Wut, die jetzt im Piratenbauch rumort, muss raus. Zuerst feuert Daniel mit allen Duschmitteln und Shampooflaschen auf das feindliche Schiff, das plötzlich zwischen dem Schaum auftaucht. Mit dem sechsten Schuss landet er einen Volltreffer. Das Schiff kentert und verschwindet im Schaumberg.

„Jippi!", ruft Daniel und schlägt mit der flachen Hand auf das Wasser, dass es gewaltig spritzt. Dann dreht er den Warmwasserhahn auf und im nächsten Augenblick taucht ein zischendes Ungeheuer aus den Fluten. Daniel will es packen, aber das Ungeheuer ist wieselflink. Es schlängelt sich durchs Wasser, taucht mal da auf und mal dort. Dabei spuckt es heißes Wasser aus.

Wenn Daniel kein Pirat wäre, würde er jetzt um Hilfe rufen. Aber richtige Piraten rufen nicht um Hilfe, die helfen sich selber.

Todesmutig wirft er sich auf das gefährliche Ungeheuer und begräbt es unter sich. Dabei schwappen die Wellen hoch über den Wannenrand.

„Was ist denn hier los?", ruft Mama, die nachsehen will, wie weit Daniel ist. „Du spinnst wohl!"

Weil Daniel einen Moment nicht aufpasst, schlängelt sich
das Ungeheuer unter seinem Bauch hervor, taucht aus dem
Wasser und spritzt Mama nass.
„Pfui Teufel!", ruft sie und dreht schnell den Hahn zu.
„Willst du etwa, dass wir alle ertrinken?"
„Piraten ertrinken nicht", sagt Daniel, hält sich die Nase zu
und taucht unter.

Nicht nur zur Winterszeit

Heute ist ein herrlicher Sommertag. Familie Loderer fährt ins Freibad. Dort sind schon viele Leute. Papa entdeckt noch ein schönes Plätzchen in der Nähe vom Sandkasten.
Mama und Papa gehen ins Wasser. Johanna watschelt mit ihrem Schwimmring um den Bauch hinterher.
Nach dem Schwimmen legen sich Mama und Papa in die Sonne. Johanna sitzt mit Eimer und Schaufel im Sandkasten und backt Sandkuchen. Dabei summt und singt sie vor sich hin. Während sie den Eimer füllt, singt sie: „Aaalle Jaaahree wiiieder, kommt daas Christuskiiind, auf die Erde niiiedeer, wo wiir Menschen siiind.“

Der Junge daneben guckt Johanna komisch an.

Papa dreht den Kopf. „Was singst du denn da?"

„Alle Jahre wieder", antwortet Johanna.

„Das singt man doch nicht im Sommer", sagt Papa.

„Warum nicht?"

„Weil es ein Weihnachtslied ist, darum."

Jetzt hören auch ein paar Erwachsene her.

„Stimmt das Lied nur an Weihnachten?", fragt Johanna.

„Eigentlich nicht … aber … man singt Weihnachtslieder eben nicht im Sommer", sagt Papa.

„Wenn's mir gefällt, dann sing ich's auch." Und schon fängt Johanna wieder an. „Aaalle Jaaahree wiiieder …"

Diesmal singt der Junge neben Johanna mit. Und bald singen alle Kinder im Sandkasten alle Weihnachtslieder, die sie kennen.

Die Erwachsenen können sich ja die Ohren zuhalten.

Ein kleiner Mensch für Schnuffel

Schnuffel lebte mit seiner Mutter in einem kleinen Dorf auf der Schwäbischen Alb. Sein Herrchen war ein alleinstehender Rentner, dem ein Haus mit einem großen Garten gehörte. Das Gartentor stand öfter offen, und so konnte Schnuffel ins Dorf laufen und mit anderen Hunden spielen. Eigentlich hätte er mit seinem Leben zufrieden sein können – wenn da nicht ein großer Wunsch gewesen wäre.

Eines Abends kam Schnuffel aus dem Dorf zurück und sagte zu seiner Mutter: „Ich möchte so gern einen kleinen Menschen, mit dem ich spielen kann."

Die Mutter sah Schnuffel nachdenklich an. „Kleine Menschen sind sehr anstrengend. Sie wollen alles anfassen und machen nur Unordnung."

„Ich werde gut aufpassen, dass mein kleiner Mensch keine Unordnung macht", versprach Schnuffel.

„Und wo soll er wohnen?", fragte die Mutter. „In der Hütte ist kein Platz."

„Unser Herrchen baut bestimmt eine neue Hütte, wenn er sieht, dass ich einen kleinen Menschen habe."

„Du stellst dir alles sehr einfach vor", entgegnete die Mutter. „Aber so einfach ist das eben nicht. Ein kleiner Mensch ist kein Spielzeug, das man in einer Ecke liegen lassen kann, wenn man keine Lust mehr zum Spielen hat. Menschen sind lebendige Wesen, um die man sich ständig kümmern muss."

„Ich will aber trotzdem einen Menschen!", rief Schnuffel trotzig.

„‚Ich will aber' möchte ich nicht hören", sagte die Mutter streng.

Schnuffel schwieg und verzog sich schmollend in die Hütte.

Am nächsten Tag lief Schnuffel wieder ins Dorf. Er wusste, wo viele kleine Menschen waren: im Kindergarten. Sein Plan

war, so lange zu warten, bis die kleinen Menschen heraus-
kamen. Dann würde er sich einen aussuchen und mit nach
Hause nehmen.

Also legte er sich hin und wartete. Nach einiger Zeit kamen
große Menschen und standen vor dem Tor herum. Das gefiel
Schnuffel gar nicht. Er bellte, aber sie ließen sich nicht vertreiben. Im Gegenteil, sie scheuchten ihn weg.

In sicherem Abstand beobachtete er, was geschah. Die kleinen
Menschen kamen heraus, liefen zu den großen und gingen
mit ihnen weg. Zum Schluss blieb nur ein kleiner Mensch
übrig. Er stand allein vor dem Tor und sah ein wenig traurig
aus. Schnuffel näherte sich ihm und wedelte dabei mit dem
Schwanz. Der kleine Mensch ging ihm entgegen, beugte sich

nieder, streichelte Schnuffel und sagte etwas. Das verstand Schnuffel zwar nicht, aber die Stimme klang freundlich.

„Das ist doch schon ein guter Anfang", dachte Schnuffel. Er fiepte, drehte sich um und lief ein paar Schritte, schaute zurück und bellte kurz. Das sollte heißen: Komm mit mir! Und der kleine Mensch schien es zu verstehen. Er folgte Schnuffel bis vor den Garten seines Herrchens.

„Mama! Mama!", rief Schnuffel. „Schau mal, wen ich mitgebracht habe!"

Die Mutter kam angetrabt und wedelte mit dem Schwanz, damit der kleine Mensch keine Angst bekam.

„Hm", machte sie, „der sieht wirklich nett aus. Jetzt, wo er schon mal da ist, kannst du ihn auch hereinbringen."

„Danke!" Schnuffel ging langsam zum Gartentor, schaute mehrmals zurück und fiepte.

Der kleine Mensch zögerte, sah sich um und folgte ihm in den Garten.

„Hallo, mein Junge", sagte plötzlich eine Stimme, „willst du mit Schnuffel spielen?"

Der Junge nickte.

„Das kannst du gern tun. Weißt du, ich bin zu alt dafür. Und für so einen jungen Hund ist es gut, wenn er einen Spielkameraden hat."

Wieder nickte der Junge.

Schon kam Schnuffel mit einem Stöckchen im Maul angelaufen und legte es dem Jungen vor die Füße. Der hob es auf und warf es in hohem Bogen weg. Schnuffel flitzte bellend hinterher und brachte das Stöckchen zurück. Der Junge warf es wieder durch die Luft, und Schnuffel sauste wieder los. Das wiederholten sie zwanzigmal, dann hatten beide genug.

Schnuffel lief zu seinem Napf und trank Wasser. Zwischen-
durch hob er den Kopf und bellte, weil er dem Jungen sagen
wollte, er solle auch trinken.

Der Junge setzte sich neben ihn ins Gras, trank jedoch nicht.
Da machte Schnuffel einen Satz und sprang ihm auf den
Schoß, dass der Junge nach hinten kippte. Sofort war
Schnuffel über dem Jungen und leckte ihm das Gesicht ab.

„Sei doch nicht so wild!", sagte die Mutter. „Sonst läuft dir
der kleine Mensch gleich wieder weg."

Doch der Junge lief nicht weg. Und von nun an waren sie
jeden Tag zusammen. So hatte Schnuffel einen kleinen Menschen und der Junge hatte einen kleinen Hund.

Quatschtag

„Heute machen wir einen Quatschtag", sagte Kevin zu seiner Schwester Miriam am Sonntagmorgen.

Die beiden sprangen aus ihren Betten und liefen ins Schlafzimmer der Eltern.

„He, aufwachen! Heute ist Quatschtag!"

„Wie ... was ... wieso ...?", stammelte Papa und schaute mit einem Auge auf seinen Wecker. „Was wollt ihr denn schon in aller Herrgottsfrühe? Heute ist doch Sonntag."

„Heute ist Quatschtag", wiederholten Kevin und Miriam.

„Macht keinen Quatsch und lasst uns noch ein Weilchen schlafen", murmelte Mama.

Kevin und Miriam zogen ab. Im Badezimmer entdeckten sie die Kleider ihrer Eltern, die beide am Abend einfach über den Rand der Badewanne gelegt hatten. Kevin und Miriam sahen sich an und hatten dieselbe Idee.

„Ich bin Mama", sagte Kevin, zog sich Mamas Kleid über und schlüpfte in ihre Stöckelschuhe.

Miriam schnappte sich Papas Hemd. Vor lauter Aufregung knöpfte sie es falsch zu, sodass oben noch ein Knopf übrig war. Aber das störte sie nicht. Sie schlang sich die Krawatte um den Hals und versuchte einen Knoten zu binden.

Das war ziemlich schwierig. „Hilf mir mal", bat sie ihren
Bruder.

„Keine Zeit", sagte Kevin. „Ich muss mich jetzt schminken."
Zuerst malte er die Lippen knallrot an. Dann die Augenlider
blau und die Wimpern schwarz. Zum Schluss puderte er
sich noch das ganze Gesicht.

Miriam kämpfte inzwischen immer noch mit Papas Krawatte.
„Lass mich mal!", sagte Kevin und band einen Knoten, dass
Miriam nach Luft japste. „Los, mach endlich vorwärts!"

Papas Anzug war ungefähr zwanzig Nummern zu groß, aber
sonst stand er Miriam ganz gut. Und auch Papas Brille passte
ihr beinahe.

„Los jetzt!", sagte Kevin und hakte sich bei seiner Schwester unter.

Wie ein jungvermähltes Ehepaar schritten sie zu ihren Eltern. Nur Kevin hatte ein wenig Mühe, in Mamas Stöckelschuhen immer senkrecht zu bleiben. Er stolperte ausgerechnet im unpassendsten Augenblick und fiel der Länge nach auf Papas Bett.

Papa fuhr hoch. „Was ist jetzt schon wieder? Was soll der Quatsch?"

Kevin rappelte sich auf und zupfte das Kleid zurecht.

„Heute ist Quatschtag, da machen wir alle nur Quatsch."

„Macht ihr überhaupt mal etwas anderes als Quatsch?",
brummte Papa.
„Wenn ihr euch schon in Papa und mich verkleidet habt,
könnt ihr auch gleich den Frühstückstisch decken", schlug
Mama vor. „Das wärc mal ein schöner Quatsch."
„So ein Quatsch!", sagte Kevin.

Ein feines Schwein

Auf einem schönen alten Bauernhof lebten ein paar Schweine. Sie waren glücklich und zufrieden, weil sie in dem großen Garten frei herumlaufen konnten.

Eines Tages trottete ein Schwein in die Scheune und stand dort plötzlich vor einem zerbrochenen Spiegel. Das Schwein erschrak, als es sich im Spiegel sah. Bisher hatte es immer gedacht, nur die anderen Schweine seien so schmutzig. Nun sah es zum ersten Mal, dass es genauso schmutzig wie die anderen war. Sofort lief es hinaus und wälzte sich im Gras. Aber der Schmutz ging nicht ab.

Da fiel dem Schwein die alte Badewanne ein, in der die Bäuerin Regenwasser sammelte, um die Blumen und das Gemüse zu gießen. Weil es in den letzten Tagen viel geregnet hatte, war die Badewanne randvoll. Mit einem Satz sprang das Schwein hinein und wälzte sich im Wasser, dass es nur so spritzte. Es rieb und rubbelte sich so lange mit Schnauze und Haxen, bis es vor Sauberkeit glänzte.

Dann kletterte es aus der Badewanne und schüttelte sich, dass die Ohren flatterten.

Auf dem Weg zur Scheune setzte es ganz vorsichtig einen Fuß vor den andern, um ja keinen Staub aufzuwirbeln.

Und um die Schlammkuhle machte es einen großen Bogen, damit es auch ja keinen Dreckspritzer abbekam.

Als das Schwein wieder vor dem Spiegel stand und sah, wie es vor Sauberkeit strahlte, grunzte es zufrieden. Es stellte sich auf die Hinterbeine und stolzierte zu den anderen Schweinen.

Die dachten zuerst, das Schwein wolle ihnen eine Zirkus-
nummer vorführen, und klatschten begeistert Beifall.

„Warum wascht ihr euch nicht auch so sauber wie ich?",
fragte das Schwein.

„Waschen?"

„Ja, dann seid ihr genauso feine Schweine, wie ich eins bin",
sagte das Schwein.

„Ach, du bist ein feines Schwein?", fragten die Schweine.

„Natürlich", antwortete das Schwein und stolzierte vor den
anderen Schweinen auf und ab. „Das sieht man doch!"

Die Schweine lachten.

„Ihr braucht gar nicht so dumm zu lachen, ihr Dreck-
schweine!", rief das feine Schwein.

„Soll ich dir sagen, was du bist?", fragte ein Schwein. „Du
bist eine ganz arme Sau!"

„Pah!", machte das feine Schwein nur und stolzierte davon.
Die anderen Schweine warfen sich wieder in die Schlammkuhle und sauigelten so richtig schön.

MINIMAX

Überall in der Stadt hingen schon seit Wochen Plakate und kündigten den weltbekannten Flohzirkus Minimax an. Die Kinder freuten sich ganz besonders, denn ein Flohzirkus war bisher noch nie in ihrer Stadt gewesen.

Am Montagnachmittag gab es eine Extravorstellung nur für Kinder. Die strömten zum Festplatz und waren zuerst einmal ziemlich überrascht, als sie nirgendwo ein Zirkuszelt sahen.

Mitten auf dem Festplatz standen ein großer Tisch und drum herum viele Stühle. Auf dem Tisch war eine Minimanege mit Hochseil und Trapez aufgebaut. Genau wie in einem richtigen Zirkus, nur viel, viel kleiner. An der Kasse bekam jedes Kind ein Fernglas ausgeliehen, damit es die winzigen Artisten überhaupt sehen konnte.

Mit einem Trommelwirbel begann die Vorstellung. Der Zirkusdirektor begrüßte die Kinder und sagte die erste Nummer an.

Dann öffnete er ein kleines Schächtelchen und ließ die Ballettgruppe in die Manege. Sofort wuselten die Flöhe auf ihre Plätze, und mit dem ersten Takt der Musik schwangen sie ihre winzigen Beinchen. Das sah lustig aus, und die Kinder waren begeistert.

Als Nächstes kletterten drei Flöhe auf das Hochseil. Zuerst balancierten sie einzeln über den dünnen Faden. Dabei schlugen sie mehrere Purzelbäume. Dann hüpfte ein Floh dem anderen auf den Rücken und wollte zur anderen Seite getragen werden. Dort wartete schon der dritte und sprang dem zweiten auf den Rücken. Ein Trommelwirbel setzte ein, die Kinder wagten kaum noch zu atmen. Der unterste Floh setzte vorsichtig Fuß vor Fuß. Auf halbem Weg wackelte er bedenklich, blieb stehen und fing an zu wippen. Plötzlich sprangen die oberen Flöhe nacheinander ab, drehten fünffache Saltos und landeten sicher auf dem Faden.

Auch sie erhielten für ihre tolle Leistung viel Beifall. Bei der nächsten Nummer versuchten alle Flöhe, einen lebenden Turm zu bilden. Die größten standen unten und trugen die kleineren. Als der Turm schon ziemlich hoch war, kletterten die Flohkinder hinauf zur Spitze. In diesem Augenblick kam ein Windstoß und wirbelte die Flöhe durch die Luft. Die meisten landeten in den Haaren und Kleidern der Kinder. Weil sie sich dort wohler fühlten als in der Manege, ließen sie sich auch nicht einfangen. Da konnte der Zirkusdirektor bitten, betteln und drohen, so viel er wollte. Es hatte alles keinen Zweck.

Damit war die Vorstellung leider beendet. Und es dauerte nicht lange, da juckte es die Kinder überall. Weil Kinder mit Flöhen nicht in die Schule dürfen, blieb diese für den Rest der Woche geschlossen.

Die Kinder haben also nicht nur eine tolle Zirkusvorstellung gesehen, die winzigen Artisten haben ihnen auch noch vier zusätzliche Ferientage verschafft. Wer wollte da schon über das bisschen Jucken klagen?

Der treue Drache

Seit tausend Jahren wachte der Drache nun schon vor dem Schloss, in dem eine Prinzessin seit tausend Jahren schlief. Nur in den ersten hundert Jahren hatten tapfere Prinzen es gewagt, gegen den Drachen zu kämpfen, um die Prinzessin aus ihrem Schlaf zu befreien. Aber der Drache hatte alle Prinzen besiegt.

Seither wachte der Drache ganz umsonst vor dem Schloss. Neunhundert Jahre lang! Das ist auch für einen Drachen keine Kleinigkeit. Und langsam kam er sich ein wenig nutzlos vor. Er fragte sich, warum Drachen immer schlafende Prinzessinnen bewachen müssen, fand aber keine Antwort. „Was geht mich eigentlich die doofe Prinzessin an?", zischelte er. „Soll sie doch schlafen, so lange sie will! Ich werde sie jedenfalls nicht länger bewachen. Es kommt ja doch keiner mehr, um sie zu befreien."

Der Drache erhob sich und machte sich auf den Weg in den Drachenwald. Dort wollte er sich eine Drachenfrau suchen. „Schließlich bin ich nicht mehr der Jüngste", zischelte er. Auf halber Strecke blieb er stehen und schaute zurück.

Plötzlich tat ihm die Prinzessin leid. Tausend Jahre waren eben doch kein Pappenstiel. Tausend Jahre verbanden einen, auch wenn man einander nie gesehen hatte.

Der Drache konnte nicht anders, er musste umkehren und zum Schloss zurückgehen. Aber jetzt wollte er sich nicht einfach vor das Schloss legen und Wache halten; jetzt wollte er sehen, wen er tausend Jahre lang bewacht hatte.

Er trat das Tor ein und marschierte durch den Schlosshof. Dort sah er drei Türen und entschied sich für die mittlere. Mit einem Tritt war der Weg frei. Der Drache musste in dem großen Schloss lange suchen, bis er die schlafende Prinzessin fand. Er schaute sie an. Sie war nicht gerade eine Schönheit. Mund und Nase waren viel zu groß.

Ihr Gesicht hatte viele Falten. Und mitten auf dem Kinn glänzte ein hässlicher grüner Fleck. Das Schönste an ihr war das drachengrüne Kleid, das sie vom Hals bis zu den Fußspitzen bedeckte.

Der Drache musste immer wieder den grünen Fleck auf dem Kinn ansehen. Irgendwann konnte er nicht mehr widerstehen und berührte ihn ganz leicht. Im selben Augenblick zischte es, das Himmelbett krachte zusammen und auf dem Boden saß eine Drachenfrau.

„Hoppla!", zischelte sie.

Der Drache konnte erst mal gar nichts sagen, sondern nur ziemlich dumm gucken. Denn damit hatte er nicht gerechnet.

DER VERDACHT

Seit drei Tagen macht Familie Waller Urlaub auf einer Sonneninsel im Mittelmeer. Papa liegt den ganzen Tag im Schatten und liest. Mama liegt den ganzen Tag in der Sonne, damit sie schön braun wird. Valeska und Benedikt spielen nicht den ganzen Tag mit Sand und Wasser, wie ihre Eltern gehofft hatten. Sie wollen Mama und Papa mit Sand zuschütten oder mit ihnen im Wasser herumtollen oder Boot fahren oder Boccia spielen.

„Jetzt sind wir extra hierher geflogen, damit ihr schön spielen könnt", beklagt sich Papa. „Und was macht ihr? Ihr quengelt den ganzen Tag herum und nervt uns."

Valeska will etwas sagen, da fällt ihr ein Mann mit einem langen weißen Bart und einer ziemlich altmodischen Badehose auf. Er schaut sich um, entdeckt den leeren Liegestuhl neben Wallers und kommt näher.

„Ist der noch frei?", fragt er höflich.

Papa schaut von seinem Buch hoch und nickt.

Der Mann bedankt sich, stellt seine Tasche ab, holt ein großes Badetuch heraus und legt es auf den Liegestuhl.

Am unteren Rand des Badetuchs ist ein Name eingestickt: Nikol...

Mehr kann Valeska nicht lesen, weil eine Ecke umgeklappt ist.

Der Mann sucht etwas in seiner Tasche. Dabei sehen Valeska und Benedikt, dass er eine rote Zipfelmütze dabeihat, und wundern sich.

„Da ist ja die Sonnencreme", murmelt der Mann und schmiert sich von der Stirn bis zu den Zehen ein. Nur an den Rücken kommt er nicht ran, sosehr er sich auch abmüht.

„Würde eines von euch Kindern so lieb sein und mir den Rücken eincremen?", bittet er Valeska und Benedikt, die ihm die ganze Zeit zugesehen haben.

„Mach du", flüstert Benedikt.

„Warum ich?", fragt Valeska.

„Keine Angst, ich beiße nicht", sagt der Mann.

Trotzdem wollen die beiden nicht.

„Na ja", murmelt der Mann etwas enttäuscht, „dann kann ich mich halt nicht auf den Bauch legen."

„Warten Sie", sagt Papa und legt sein Buch weg, „ich creme Ihren Rücken ein."

„Vielen Dank, das ist wirklich sehr nett von Ihnen." Der Mann gibt Papa die Sonnencreme und legt sich auf den Bauch.

Papa schmiert ihn kräftig ein, Mama grinst, Valeska und Benedikt kichern leise.

„So, fertig", sagt Papa. „Aber ... äh ... wenn ich Ihnen einen Rat geben darf ... ich ... äh ... ich wäre an Ihrer Stelle

vorsichtig mit der Sonne. Ihre Haut ist … nun ja … ein bisschen blass eben."

„Käsebleich", sagt der Mann und lacht. „Sie können es ruhig sagen. Meine Haut ist nicht blass, sondern käsebleich. Ich bin zum ersten Mal am Mittelmeer, müssen Sie wissen. Aber ich möchte es unbedingt mal so richtig schön warm haben."

„Ach so … ja, das verstehe ich natürlich", sagt Papa.

„Gerade deswegen sollte sich Ihre Haut langsam an die Sonne gewöhnen. Sonst bekommen Sie schnell einen Sonnen-brand."

Der Mann bedankt sich für den guten Rat, legt sich auf den Liegestuhl, schließt die Augen und lässt sich die Sonne auf den Bauch scheinen.

Papa schüttelt den Kopf und liest weiter in seinem Buch. Valeska und Benedikt tun so, als würden sie eine Sandburg bauen, lassen den Mann aber nicht aus den Augen. Beiden kommt er irgendwie bekannt vor.

„Jetzt weiß ich's!", ruft Valeska plötzlich und flüstert ihrem Bruder etwas ins Ohr.

„Du spinnst!", sagt Benedikt. „Der macht doch nicht Urlaub am Mittelmeer. Das glaub ich nicht."

„Was glaubst du nicht?", möchte Papa wissen.

Benedikt erzählt ihm leise, was Valeska vermutet.

„Den … äh … das gibt's doch gar nicht." Papa schielt zu dem Mann hinüber. „Der sieht ihm nur ähnlich, das ist alles."

„Glaub ich nicht", sagt jetzt Valeska.

Sie und Benedikt beobachten den Mann weiter. Er liegt
den ganzen Tag auf seinem Liegestuhl und geht nicht
ein Mal ins Wasser.

Als die meisten Urlauber gegen Abend ihre Sachen zusam-
menpacken und ins Hotel gehen, verlässt auch der Mann
seinen Liegestuhl. Er zieht einen roten Bademantel aus seiner
Tasche. Dabei fällt ein kleiner goldener Engel auf den Boden.
Valeska stößt ihren Bruder an. „Glaubst du es jetzt?"
Benedikt starrt den Mann in seinem roten Mantel mit großen
Augen an und ist sprachlos.

Heisse Lämmer

Osterlämmer backen gehört im Hause Möller genauso zu
Ostern wie Eier färben. Im Eierfärben ist Papa Spezialist.
Backen kann Mama besser. Und Leon ist der beste Mithelfer,
den es gibt. Auch wenn er beim Eierfärben mehr Farbe an
den Händen und im Gesicht als auf den Eiern hat. Und beim
Backen würde er den Teig am liebsten schon essen, bevor
Mama ihn in den Ofen schiebt. Leon nascht überhaupt sehr
gern. Deswegen muss Mama die Osterlämmer immer ver-
stecken, sonst wäre bis Ostern nichts mehr übrig von ihnen.
„Vorsicht, heiß!", sagt Mama, als sie ein Blech aus dem
Backofen nimmt.
Mit einem Schaber hebt sie die kleinen Teiglämmer vom
Blech und legt sie vorsichtig in eine Schüssel. Kaum schaut
Mama weg, greift Leon schon in die Schüssel und ruft gleich-
zeitig: „Au!"
Mama schmunzelt. „Hat dich ein Lamm gebissen?"
„Quatsch!", brummt Leon, leckt seine Finger ab und pustet
sie kühl.
„Ich hab dir doch gesagt, dass sie noch heiß sind, du kleines
Schleckermaul", sagt Mama und stellt die Osterlämmer zum
Kühlen draußen auf den Fenstersims.
Als sie die Schüssel zwanzig Minuten später wieder herein-

holt, sind deutlich weniger Lämmer drin. „Leon!", ruft
Mama. „Wo steckst du?"

Sie muss noch zweimal rufen, bis Leon kommt.

„Was ist denn?"

„Schau mal in die Schüssel!", fordert Mama ihn auf.

„Warum?"

„Entweder sind die Lämmer davongelaufen oder jemand hat
von ihnen genascht", sagt Mama.

„Bestimmt sind sie davongelaufen", sagt Leon schnell.

„Oder der Osterhase hat ein paar von ihnen mitgenommen
und legt sie in ein Osternest."

Mama wuschelt ihrem Sohn durch die Haare. „Könnte es
sein, dass der Osterhase Leon heißt und nur zwei Beine hat?"

„Kann schon sein", sagt Leon und grinst. „Ich kenne mich
bei Osterhasen nicht so genau aus."

PAPA MUSS DRAN GLAUBEN

Jonathan möchte Zahnarzt werden. Aber weil er erst fünf Jahre alt ist, dauert das noch ziemlich lange. Viel zu lange, findet Jonathan. Und weil er nicht so lange warten will, spielt er am liebsten Zahnarzt. Seine ganze Familie und alle seine Freunde hat er schon behandelt. Am liebsten zieht er Zähne. Er hat allen seinen Patienten jeden Zahn mindestens schon zehnmal gezogen.

„Spielst du mit mir Zahnarzt?", fragt Jonathan seinen Bruder Samuel.

„Nein!", ruft Samuel und verschwindet in seinem Zimmer. Auch Deborah und Mama wollen nicht.

Also muss Papa wieder einmal dran glauben. Er setzt sich in den Sessel und reißt den Mund auf. Jonathan öffnet sein Zahnarztköfferchen. Darin ist alles, was ein kleiner Zahnarzt braucht. Jonathan nimmt den Mundspiegel und schaut sich Papas Zähne genau an. „Da sind ja noch die Reste vom Abendbrot drin. Sie haben Ihre Zähne wieder nicht geputzt!"

„Ich … ich hab's vergessen", entschuldigt sich Papa.

„Sie wissen doch, dass man nach dem Essen die Zähne putzen muss", sagt Jonathan. „Jetzt haben drei Zähne ein großes Loch."

„Drei!", ruft Papa entsetzt.

„Die müssen alle drei raus." Jonathan holt eine Spritze aus seinem Köfferchen.

Sofort macht Papa den Mund zu.

„Sie brauchen keine Angst zu haben", beruhigt ihn Jonathan. „Es pikst nur ein ganz kleines bisschen. Aber ohne Spritze kann ich die Zähne nicht ziehen."

„Dann lassen Sie die Zähne doch drin", murmelt Papa mit halb geöffneten Lippen.

„Das geht nicht", erklärt Jonathan. „Zähne mit so großen Löchern müssen raus. Sonst faulen sie und eitern. Dann muss ich Sie richtig operieren."

Papa sieht ein, dass er keine Chance hat, der Spritze zu entgehen. Er öffnet langsam den Mund. „Tut's auch bestimmt nicht weh?"

Jonathan schüttelt den Kopf. „Ich hab Ihnen doch gesagt, dass es nur ein bisschen pikst." Schon setzt er die Spritze an Papas Kiefer an und macht: „Tsssssss!"

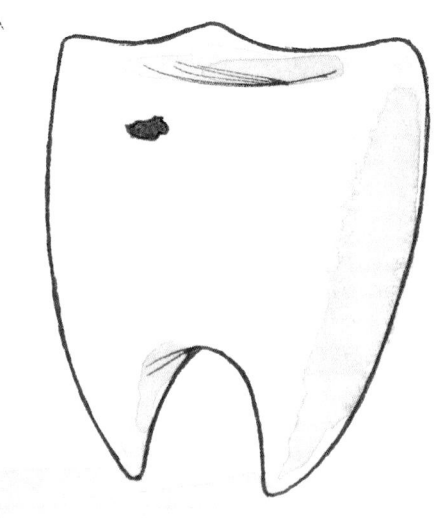

Papa wird immer kleiner in seinem Sessel.

„Schon fertig", sagt Jonathan. „Jetzt müssen wir ein bisschen warten, bis die Spritze wirkt. Dann merken Sie nichts, wenn ich die Zähne ziehe."

Jonathan holt die Zange aus seinem Köfferchen. „So, jetzt hat die Spritze gewirkt."

„Nein, noch nicht", murmelt Papa.

„Doch", sagt Jonathan. „Meine Spritzen wirken schnell."

Papa muss den Mund weit aufmachen und Jonathan fängt an zu ziehen. Papa ächzt und stöhnt, als ginge es um Leben oder Tod.

Nacheinander hält Jonathan ihm einen Backenzahn, einen Eckzahn und einen Schneidezahn aus Plastik vor die Nase. Als Papa schon glaubt, er habe es für diesmal überstanden, sagt Jonathan plötzlich: „Da ist ja noch einer mit einem Loch. Der muss auch noch raus!"

Papa schüttelt den Kopf. „Jetzt reicht's für heute! Ein paar Zähne möchte ich schließlich noch behalten. Sonst kann ich nämlich nichts mehr beißen. Und ich hab jetzt einen Bärenhunger."

„Aber morgen darf ich dir wieder einen Zahn ziehen."

„Mal sehen, ob mir einer wehtut", sagt Papa und zwinkert.

NACHDENKEN
UND
STAUNEN

Der neue König

König Löwe liegt im Schatten eines Baumes und träumt von einem saftigen Stück Fleisch, das ihm direkt ins Maul fliegt. Gerade als er zubeißen will, wird er von lauten Rufen gestört. Der Löwe öffnet ein Auge, sieht zwei Affen und einen Elefanten näher kommen. Die Affen tanzen vor dem Elefanten herum und beschimpfen ihn. Der Elefant schlägt mit dem Rüssel nach den beiden, aber er trifft sie nicht.

Der Löwe schließt das Auge wieder und hofft, dass die drei nichts von ihm wollen. Doch sie kommen genau auf ihn zu.

„He, König!", ruft der Affe.

Der Löwe tut so, als höre er nichts.

„Du darfst nicht schlafen", sagt der zweite Affe und zieht den Löwen am Schwanz.

Da muss der Löwe wohl oder übel die Augen öffnen und den Affen anknurren.

„Siehst du", beschwert sich nun der Elefant, „so frech sind die beiden Kerle zu mir auch. Immer ärgern sie mich."

„Sag erst mal, was du immer machst", verlangen die Affen.

„Ich lege mich nur ein wenig ins Wasser, wenn es mir zu heiß ist", verteidigt sich der Elefant.

„Ich lege mich nur ein wenig ins Wasser", äfft ihn der erste Affe nach. „Das soll wohl ein Witz sein, was? Du trampelst ins Wasser und wälzt dich darin herum, dass der ganze Dreck aufgewühlt wird. Und wir sollen dann die Brühe trinken, wenn wir Durst haben."

„Genau", sagt der zweite Affe und stellt sich vor den Löwen. „Deswegen musst du dem Dicken verbieten, sich im Wasser zu wälzen!"

„Wieso ich?"

„Weil du unser König bist", antworten die Affen. „Und weil du die Kleinen vor den Großen beschützen musst."

Der Elefant trompetet laut: „Und wer beschützt mich vor euch?"

„Ich habe keine Lust, mich dauernd um eure Streitereien zu kümmern", brummt der Löwe.

„Aber das musst du", sagt der erste Affe. „Wozu bist du denn sonst unser König?"

„Ich will nicht mehr König sein, ich will meine Ruhe haben, sonst gar nichts." Der Löwe legt den Kopf auf die Vorderbeine und schließt die Augen.

Sofort zieht ihn der zweite Affe wieder am Schwanz.

„He, so geht das nicht! Wir brauchen einen König!"

„Dann mach du ihn doch", brummt der Löwe.

„Ich?", fragt der Affe überrascht.

„Der?", fragt der Elefant entsetzt.

Der Löwe hebt noch einmal den Kopf. „Oder willst du König werden?", fragt er den Elefanten.

„Ich? König? Ich … ich weiß nicht", stottert der Elefant.

„Ja, wenn du es nicht weißt, tut es mir leid." Der Löwe blinzelt. „Komm her und stell dich vor mich hin", befiehlt er dem ersten Affen. „Ich ernenne dich hiermit zu meinem Nachfolger. Ab sofort bist du der König der Tiere."

„Juhu!", jubelt der Affe. „Ich bin der König der Tiere!

Dann befehle ich jetzt, dass du dich nicht mehr im Wasser wälzen darfst", sagt er zu dem Elefanten.

„Wegen dir wälze ich mich im Wasser, so lange ich will."

„Verschwindet endlich!", knurrt der Löwe.

„Du hast uns gar nichts mehr zu befehlen", sagt der neue König.

Da erhebt sich der Löwe und brüllt so laut, dass dem neuen König fast die Ohren abfallen. „Wenn du nicht sofort verschwindest, bist du die längste Zeit König gewesen! Ist das klar?"

Der neue König, sein Freund und der Elefant verduften im Eiltempo. Denn ein Löwe bleibt ein Löwe, auch wenn er nicht mehr König ist.

Wichtige Fragen

Professor Eisler war ein sehr kluger Mann. Manche sagen
sogar, er sei weise gewesen. Nicht nur in unserem Land,
auch in vielen anderen Ländern genoss er hohes Ansehen.
Deswegen wurde er zu vielen Konferenzen, Tagungen,
Diskussionen und Talkshows eingeladen. Anfangs nahm er
auch viele Einladungen an und reiste von Konferenz zu
Konferenz, von Tagung zu Tagung, von Talkshow zu Talkshow.

Aber später lehnte er alle Einladungen ab.

„Das ist für mich verlorene Zeit", erklärte er einmal einem
guten Freund. „Bei den meisten Konferenzen wollen sich
die Leute nur wichtig machen. Höchst selten wird über die
wirklich wichtigen Fragen geredet. Da kann ich meine Zeit
sinnvoller verbringen."

Sinnvoller hieß für Professor Eisler, mehr mit Kindern als mit
Erwachsenen zu reden – vor allem aber, ihnen zuzuhören.
Die Kinder halfen ihm, über die wirklich wichtigen Fragen
des Lebens nachzudenken:

Woher kommt die Welt? Was ist Glück? Wozu bin ich da?
Wie findet man einen Freund? Wo wohnt Gott? Warum
regnet es? Solche und ähnliche Fragen beschäftigten die
Kinder und Professor Eisler.

Einmal wollte er den Kindern erklären, wie aus Wasser-
dampf Wolken und aus Wolken Regentropfen werden.

Ein Mädchen unterbrach ihn und sagte: „Warum machst du
es denn so kompliziert? Das ist doch ganz einfach. Es regnet,
weil die Pflanzen Wasser brauchen."

Professor Eisler sah das Mädchen erstaunt an. Dann nickte
er und murmelte: „Du hast recht. So habe ich das noch nie
gesehen, aber du hast wirklich recht."

Auch auf die Frage, was Glück sei, gaben die Kinder über-
raschende Antworten.

„Für mich ist Glück, wenn meine Katze Junge kriegt", sagte
ein Mädchen.

„Wenn ich mit dem Fahrrad stürze und mich nicht verletze,
das ist Glück", meinte ein Junge.

„Glück ist, eine nette Lehrerin zu haben", sagte ein anderer.
„Und ich bin glücklich, wenn meine Eltern so lange mit mir spielen, wie ich will", murmelte ein Mädchen.
„Ich hab vorhin großes Glück gehabt", erzählte ein Junge.
„Ich bin gestolpert und genau neben einer Pfütze gelandet."
„Für mich ist Glück auch, hier mit euch zu sitzen und nachzudenken", sagte Professor Eisler. „Aber jetzt muss ich leider gehen, es ist höchste Zeit für mich."
„Warum gibt es eigentlich die Zeit?", fragte ein Junge.
„Damit man weiß, wie spät es ist", antwortete ein anderer.
„Und warum muss man das wissen?"
„Um nicht zu spät zum Abendbrot zu kommen", meinte ein Mädchen.
Und weil sie alle hungrig waren, gingen sie nach Hause.

Der starke, kluge Wolf

Ein junges Schaf suchte auf der Weide besonders saftige
Gräser und entfernte sich dabei langsam von der Herde.
Das sah ein Wolf, der die Herde vom Waldrand aus schon
einige Zeit beobachtete.

„So ein junges Ding schmeckt besonders lecker“, dachte er
und schlich sich an.

Das Schaf war so mit Fressen beschäftigt, dass es den Wolf
viel zu spät bemerkte und nicht mehr flüchten konnte.

Der Wolf riss schon sein großes Maul auf, da rief das Schaf:

„Halt, warte! Bevor du mich frisst, habe ich noch einen
letzten Wunsch.“

„Na gut“, knurrte der Wolf. „Und was ist dein letzter
Wunsch?“

„Ich habe gehört, dass du eine sehr schöne Stimme hast“,
antwortete das Schaf.

„Soso“, sagte der Wolf und fühlte sich geschmeichelt.

„Ja, und deswegen möchte ich wenigstens einmal im Leben
ein Duett mit dir singen.“

„Ein Duett?“, fragte der Wolf verwundert.

„Bitte, bitte!“, sagte das Schaf. „Es ist mein größter
Wunsch.“

„Na ja, warum soll ich dem Schaf den Gefallen nicht tun,

bevor ich es fresse", dachte der Wolf. „Also gut, sag mir, was du singen willst."

„Das Lied vom starken und klugen Wolf", antwortete das Schaf.

Der Wolf freute sich, denn das war sein Lieblingslied.

Das Schaf blökte los, der Wolf stimmte ein und heulte aus vollem Hals. Das hörten die Hirtenhunde und kamen laut bellend angerannt. Der Wolf verstummte, schaute vom Schaf zu den Hunden und zog es vor zu verschwinden.

Das Schaf aber lief zur Herde und erzählte stolz, wie es den Wolf zum Narren gehalten hatte.

Der Müll muss weg!

Es war einmal eine schöne Stadt. Den meisten Leuten ging es gut, sehr gut sogar. Sie hatten alles, was sie zum Leben brauchten – und noch viel mehr. Und wenn sie etwas Neues wollten, kauften sie es einfach. Was die Leute nicht mehr wollten oder brauchen konnten, warfen sie zum Abfall. Jeden Tag fuhren viele Müllautos durch die Straßen und sammelten den Abfall ein. Draußen vor der Stadt kippten sie ihn auf eine große Wiese. Dort wurde aus dem vielen Abfall langsam ein Hügel, und aus dem Hügel wurde ein Berg. Die Leute nannten ihn Müllberg. Dieser Müllberg wurde von Tag zu Tag höher und war bald der höchste Berg weit und breit.

Wenn am Sonntag schönes Wetter war, fuhren die Leute zum Müllberg und stiegen hinauf, um die herrliche Aussicht auf ihre schöne Stadt zu genießen. Dabei sahen sie, dass auch vor anderen Städten Müllberge in den Himmel wuchsen. Und wer ein Fernglas hatte, konnte sogar die Leute auf den anderen Müllbergen herumklettern sehen. An einem trüben Montagmorgen stieß der Müllberg vor der schönen Stadt durch die Wolkendecke. Fast gleichzeitig begann die Erde zu zittern und zu beben. Zuerst noch leicht, dann stärker, immer stärker. Die Leute in den Häusern, Fabriken, Büros und Geschäften hielten sich ängstlich an Tischen, Schränken, Türen und aneinander fest oder liefen hinaus auf die Straßen. Dort hörten sie einen Lärm, wie sie noch nie einen gehört hatten.

Es krachte, schepperte, klirrte, zischte, polterte, quietschte, gurgelte, puffte, runkelte, knarrte, dass es in den Ohren dröhnte.

„Der Berg kommt!", schrie ein Mann.

„Hilfe!", riefen die andern und rannten weg, so schnell sie konnten. Sie verschwanden in den Häusern, verriegelten die Türen und schlossen die Fensterläden.

Draußen quoll der Müll durch die Straßen, begrub die Autos unter sich, schob sich in die Gärten und drückte bei vielen Häusern Türen und Fenster ein. Die Leute flüchteten in die oberen Stockwerke und zitterten vor Angst.

Es dauerte lange, bis sich die Erde wieder beruhigte und das Krachen, Scheppern, Klirren, Zischen, Poltern, Quietschen, Gurgeln, Puffen, Runkeln und Knarren aufhörte. Die Leute saßen immer noch ängstlich in ihren Häusern. Nach einiger Zeit kletterten die Ersten zu den oberen Fenstern und zu den Dächern hinaus. Was sie draußen sahen, ließ ihnen den Atem stocken. Nach und nach trauten sich immer mehr Leute hinaus. Sie stolperten über den Müll und sahen einander ratlos an.

„Igitt!", rief eine Frau, als sie in einen Topf mit gelber Farbe trat.

Ein Mann rutschte in eine alte Kloschüssel und steckte fest.

Ein anderer fiel in eine Kiste mit fauligen Tomaten.

Ein Junge stolperte über einen kaputten Fernseher.

„Der Müll muss weg!", sagte seine Mutter.

„Ja, der Müll muss weg!", riefen die Leute.

„Aber wie und wohin?", fragte ein alter Mann.

„Einfach weg", sagten die Leute.

„Einfach weg?" Der alte Mann sah die Leute an und schüttelte den Kopf.

Die Leute ließen den alten Mann stehen. Sie krochen, stiegen, kletterten, wateten durch den Müll bis vor das Rathaus.

Dort wurden Stühle, Sessel, Sofas und ein Tisch aus dem Müll gesucht.

Der Bürgermeister und die Stadträte setzten sich zusammen und berieten, was zu tun war. Und wenn sie nicht im Müll versunken sind, beraten sie noch heute.

VERWANDLUNG

Der Postbote hat ein großes Paket gebracht. Mama öffnet
es, und heraus kommen die Einzelteile für einen Liegestuhl.
Doch die interessieren Janis weniger als der Karton. Als
Mama ihn in Stücke reißen und entsorgen will, fällt Janis ihr
in den Arm.

„Nicht!", ruft er.

„Janis, was soll denn das?"

„Du darfst den Karton nicht kaputt machen."

„Aber warum denn nicht?", fragt Mama.

Janis hebt den Karton an einer Seite hoch und kriecht darun-
ter. „Weil das mein Haus ist", antwortet er jetzt von drinnen
auf Mamas Frage.

„Ach so." Mama lächelt. „Ist es in deinem Haus nicht
ziemlich dunkel? Vielleicht sollten wir ein Fenster hinein-
machen?"

Janis kommt unter dem Karton hervorgekrabbelt und schaut
ihn an.

„Na?", sagt Mama.

Janis schüttelt den Kopf, dreht den Karton so, dass die
offene Seite nach oben kommt. Dann steigt er hinein, geht
auf die Knie und macht mit den Lippen Motorengeräusche.

„Jetzt ist das mein Auto", erklärt er seiner Mama.

„Aha", sagt sie beeindruckt. „Sollte es dann nicht Räder haben?"

Janis denkt kurz nach, steigt aus dem Karton und holt seine Farbstifte. Er malt vier Räder an die Seitenteile des Kartons, dazu vorne Scheinwerfer und hinten Rücklichter. Und innen malt er noch ein Lenkrad an die Vorderseite.

„Ich fahre jetzt beim Autorennen mit", sagt er und zischt sofort los. Er lässt nacheinander alle Gegner hinter sich. Einmal fährt er so schnell in die Kurve, dass sein Auto beinahe umkippt.

„Huch!", ruft Mama und kann gerade noch zur Seite springen.

Janis fährt weiter und gewinnt das Rennen.

„Juhu!", jubelt er und ballt die Faust.

„Das war ja richtig spannend", sagt Mama.

„Genau", stimmt Janis ihr zu und steigt aus. Er nimmt einen blauen Farbstift und malt eine dicke Wellenlinie an alle vier Seiten des Kartons. Dann steigt er wieder ein.

„Und jetzt?", fragt Mama neugierig.

„Jetzt ist das mein Schiff", antwortet Janis.

„Aha", sagt Mama, „ich verstehe. Die blaue Linie ist das Wasser."

Janis nickt. „Oder der Himmel", fügt er hinzu.

„Der Himmel?", fragt Mama erstaunt.

„Hm", macht Janis. „Mein Schiff ist nämlich auch eine Rakete. Die kann bis in den Himmel fliegen."

„Na klar", sagt Mama und lächelt, „du bist ja auch mein kleiner Astronaut." Sie ist froh, dass sie den Karton nicht zerrissen hat.

1:0 FÜR NIKO

„Papa, guck mal!" Niko zeigt Papa stolz sein Schreibheft.
„Das hab ich in der Schule geschrieben."
Papa guckt kurz über seine Zeitung. Er liest den Sportteil,
der ist ihm besonders wichtig. „Sehr schön", sagt er. Dann
ist sein Kopf wieder verschwunden.
Niko klappt das Heft zu und trottet in sein Zimmer. Dort
legt er sich in die Kuschelecke und spricht mit Bär Jockel.
„Jedes Mal sagt Papa: ‚Sehr schön', aber er guckt gar nie
richtig. Immer ist ihm seine blöde Zeitung wichtiger als mein
Heft." Niko drückt Jockel an sich. Zusammen denken sie
darüber nach, was Niko dagegen tun könnte.
„Ich hab's", sagt Niko plötzlich. Er springt auf, holt sein
Übungsheft, setzt sich an den Schreibtisch und schreibt.
Aber nicht so schön wie sonst, sondern fürchterlich krakelig.
Und zum Schluss spritzt er noch ein paar dicke Kleckse auf
die Seite.
„Sieht doch schön hässlich aus", sagt Niko zu Jockel und
zwinkert ihm zu. Dann geht er wieder ins Wohnzimmer.
Dort ist Papa immer noch unsichtbar.
„Papa, guck mal!", sagt Niko.
Papa guckt kurz über die Zeitung. „Sehr schön", sagt er.
Und schon ist sein Kopf wieder verschwunden.

Niko fängt an zu lachen.

Papa guckt über die Zeitung. „Warum lachst du denn so?"

Niko hält Papa die vollgekrakelte Seite hin. „Weil das sehr schön sein soll."

„Au, jetzt hast du mich erwischt", sagt Papa. „1:0 für dich!"

Ein buntes Land

Kokokaka war ein Land hinter den Bergen. Dort lebten die
Pumpus schon seit tausend Jahren. Zu allen Zeiten gab es
große und kleine, dicke und dünne, kluge und dumme Pumpus. Doch so unterschiedlich sie auch waren, eines hatten
alle Pumpus gemeinsam: ein blaues Fell. Bis eines Tages
das erste Pumpu mit einem roten Fell geboren wurde. Seine
Eltern erschraken sehr, als sie ihr rotes Kind sahen. Sie
wuschen und schrubbten es immer wieder, aber das Fell
ihres Kindes blieb rot.

„Ich habe es trotzdem lieb", sagte die Mutter.

Der Vater nickte. „Hauptsache, es ist gesund und wird glücklich."

Gesund war das rote Pumpu, aber richtig glücklich nicht. Denn obwohl seine Eltern es lieb hatten und die meisten Pumpus nett zu ihm waren, spürte das rote Pumpu, dass es anders war. Und manchmal war es deswegen traurig.

Eines Morgens sagte das rote Pumpu zu seinen Eltern: „Ich gehe fort und suche so lange, bis ich andere rote Pumpus finde."

„Du brauchst nicht fortzugehen", entgegnete der Vater.

„Es gibt keine roten Pumpus."

„Ich bin doch auch rot."

„Aber du bist die Ausnahme."

„Vielleicht gibt es noch mehr Ausnahmen", sagte das rote Pumpu. „Und die will ich finden."

Es ließ sich von den Eltern weder umstimmen noch zurückhalten und machte sich auf den Weg. Aber im ganzen Kokokakaland fand es kein einziges rotes Pumpu. Enttäuscht und traurig machte es sich auf den Heimweg.

Seine Eltern waren sehr froh, als ihr Kind wieder vor ihnen stand. Und auch die meisten anderen Pumpus freuten sich, dass das rote Pumpu wieder zu Hause war.

„Wenn ich ehrlich sein soll", sagte ein dickes Pumpu, „das rote Pumpu hat mir gefehlt."

„Mir auch", sagte sein dünner Freund. „Ich finde es nämlich schön, dass es nicht nur blaue Pumpus gibt, sondern auch ein rotes."

„Ich möchte auch gern eine andere Farbe haben", nuschelte ein kleines Pumpu, schloss die Augen und dachte an das leuchtende Gelb der Dotterblumen beim Bach.

„Ich wünsche mir schon lange ein grünes Fell", gab ein großes Pumpu zu. „Nur habe ich mich bisher nie getraut, das zu sagen."

Das große Pumpu füllte einen Bottich mit Wasser, sammelte verschiedene Kräuter und warf sie hinein. Bald färbte sich das Wasser grün und das große Pumpu stieg in den Bottich. Vorsichtig drehte und wendete es sich; mal war der Po mit dem Schwanz unter Wasser, mal der Kopf mit dem Rüssel. Und es dauerte nicht lange, bis ein grünes Pumpu aus dem Bottich stieg. Es schaute an sich hinunter und strahlte.

„Also ich weiß nicht", murmelte ein altes Pumpu, „wir Pumpus waren immer blau. Und ich meine, das sollten wir auch bleiben."

„Du kannst ja blau bleiben", erwiderte das grüne Pumpu. „Aber mir gefällt mein grünes Fell besser als mein blaues."
Auch andere färbten in den nächsten Wochen ihr Fell und bald gab es Pumpus in vielen Farben. Das Kokokakaland war bunter als je zuvor. Die meisten Pumpus fanden das viel schöner als das eintönige Blau – sogar einige von denen, die ihr blaues Fell lieber behalten wollten.

Zwischen den vielen farbigen Pumpus fühlte sich das rote Pumpu endlich wohl und war nun sehr glücklich.

JUBALIBA

Wenn man Julia sieht, würde man es nicht glauben. Denn Julia ist ein Mädchen wie viele andere auch. Vielleicht hat sie mehr Sommersprossen und eine stupsigere Nase als die meisten, aber sonst? Nein, sonst fällt an Julia zuerst einmal nichts auf. Wirklich nichts.

Niemand käme auf die Idee, dass Julia eine Erfinderin ist. Aber genau das ist sie. Und was für eine! Sie erfindet neue Wörter. Jeden Tag mindestens eins. Und jedes neue Wort schreibt sie fein säuberlich in ein Schulheft. Drei Seiten in dem Heft sind schon voll. Da stehen so schöne Wörter wie amaleoni, jubaliba, woleselu neben anderen wie ocka, ripf oder zuss.

Wie sie die Wörter erfindet? Nun, das ist ganz unterschiedlich.

Zuss zum Beispiel hat sie erfunden, nachdem sie auf ihre Freundin Lena sauer war und mit ihr gestritten hatte. Das war für Julia dann zuss.

Ganz anders kam es zu dem Wort jubaliba. Julia saß bei ihrem Papa auf dem Schoß und ihr Papa knuddelte sie zärtlich. Das fand sie jubaliba.

So hat für Julia jedes neue Wort eine Bedeutung. Das Problem ist nur, außer ihr kennt niemand diese Bedeutungen.

Wenn die Kinder am Nachmittag draußen spielen und Julia eines ihrer Wörter benützt, verstehen die andern sie nicht und lachen Julia aus.

Neulich stolperte Christian auf dem Weg zur Schule über einen Bordstein.

„Uffali!", sagte Julia.

Christian dachte wohl, Julia wolle ihn veräppeln, und schubste sie zur Seite. „Hau ab, du blöde Kuh!"

Dabei fand Julia uffali nur genau das passende Wort für Christians Stolpern. Als sie ihm das erklären wollte, zeigte er ihr den Vogel und sagte: „Du spinnst!"

„Du spinnst", das hört Julia öfter. Sogar ihre Eltern und ihre Lehrerin sagen es manchmal. Gut, nicht wörtlich.

Aber Julia merkt genau, dass sie es denken. Das findet sie übrigens metzig.

Was kann Julia denn dafür, dass ihr solche Wörter einfallen?

Das ist doch nichts Schlimmes. Im Gegenteil, die Leute sollten froh sein, wenn es schöne neue Wörter gibt.

Einmal hat Julia mit ihren Wörtern sogar ein Gedicht geschrieben. Das geht so:

Mundole und Pepigu
sind wie Ondoholimu.
Schöbinix und ritapo,
lafidela sowieso.

Ist doch schön, oder nicht? Für mich klingt es wie Musik, dieses kleine Gedicht.

Was es bedeutet?

Julia hat es mir für diese Geschichte verraten, obwohl ich eigentlich zu alt bin für so ein Gedicht. Nur darf ich nicht weitersagen, was es bedeutet. Das habe ich Julia versprochen. Aber es ist ein Kindergedicht und Kinder wie Julia können es verstehen.

Das Schlosstier

Vor langer Zeit regierte in einem fernen Land ein mächtiger König. Eines Tages rief er seinen Tierminister zu sich und sagte: „Ich wünsche mir ein Tier. Bring mir die schönsten Tiere meines Reiches, damit ich mein Schlosstier aussuchen kann!"

Der Tierminister schickte Jäger und Tierfänger aus, um die schönsten Tiere des Reiches fangen zu lassen. Alle gefangenen Tiere wurden im Hof des Palastes ausgestellt. Dann kam der König und schritt an ihnen vorbei. Manchmal blieb er stehen und nickte, manchmal schüttelte er den Kopf. Wenn der König den Kopf schüttelte, wurde das Tier sofort weggebracht.

Übrig blieben der Löwe, der Tiger, der Bär, der Hirsch, der Schwan, der Adler, der Papagei und das Eichhörnchen. Aber mit keinem der Tiere war der König zufrieden.

Beim Löwen gefiel ihm besonders der Kopf, beim Tiger das gestreifte Fell, beim Bären, dass er aufrecht gehen konnte, beim Hirsch das Geweih, beim Schwan der schöne Hals, beim Adler die Flügel, beim Papagei die bunten Farben und beim Eichhörnchen der buschige Schwanz.

Der König sagte zu seinem Tierminister: „Ich möchte ein

Tier, das alles hat, was mir an diesen Tieren gefällt. Schafft
mir so ein Tier herbei!"

„Aber Majestät", wagte der Minister zu widersprechen,
„so ein Tier gibt es nicht."

„Dann lass eines züchten!", befahl der König. „Sonst bist du
die längste Zeit mein Tierminister gewesen!"

Der Minister verbeugte sich und schlich davon. In seinem
Ministerium rief er die besten Tierzüchter und Wissenschaftler des Landes zusammen und gab ihnen den Auftrag,
das Schlosstier für den König zu züchten.

Die Tierzüchter und Wissenschaftler machten sich sofort an die Arbeit, und bald hatten sie das gewünschte Tier gezüchtet. Der Tierminister führte es persönlich zum König.

„Majestät, hier ist Euer Schlosstier", sagte er stolz. „Es hat alles, was Ihr euch gewünscht habt."

Der König ging langsam um das Tier herum. „Das soll ich mir gewünscht haben?", fragte er dann. „Das ist doch ein Ungeheuer und kein Tier. Schafft mir dieses Ungeheuer sofort aus den Augen und bringt es in den königlichen Zoo!"

Der Tierminister wollte noch etwas sagen. „Aber Majestät haben …"

„Hinaus!", rief der König.

Disqualifiziert

Heute darf Jonas zum ersten Mal mit Papa zu einem Sport-wettkampf ins Stadion. Anfangs findet Jonas alles interessant, aber bald langweilt er sich.

„Den Staffellauf möchte ich noch sehen", sagt Papa. „Dann gehen wir nach Hause."

Der Lauf ist sehr spannend. Drei Mannschaften kämpfen um den Sieg. Beim letzten Wechsel lässt der Schlussläufer von Papas Mannschaft den Stab fallen, läuft ohne Stab weiter und als Erster durchs Ziel.

„Das nützt nichts", jammert Papa. „Die werden disqualifiziert."

„Was ist disqualifiziert?", fragt Jonas.

Papa staunt, dass Jonas dieses schwierige Wort fehlerfrei ausspricht, nachdem er es nur ein einziges Mal gehört hat.

Auf dem Heimweg erklärt er Jonas: „Beim Staffellauf muss der hintere Läufer dem vorderen den Stab übergeben. Wenn einer den Stab verliert und ohne ihn weiterläuft, hat die Mannschaft verloren."

Zu Hause erzählt Jonas sofort, dass ein Läufer den Stab fallen ließ.

„Und was ist dann passiert?", fragt Jonas' Schwester Katrin.

„Das gilt nicht", antwortet Jonas.

„Was wurden sie dann?", fragt Papa und schaut seinen Sohn erwartungsvoll an.

Jonas schweigt.

„Im Stadion hast du das Wort doch so schön gesagt.

Zeig Mama und Katrin, dass du es kannst", bittet Papa.

Jonas bleibt stumm.

„Was für ein Wort?", möchte Mama wissen.

„Disqualifiziert", antwortet Papa. „Im Stadion hat er es fehlerfrei ausgesprochen. Mit drei Jahren! Das soll ihm erst mal einer nachmachen."

Alle schauen Jonas gespannt an, aber er sagt keinen Ton.

„Wenn du es jetzt nicht sofort sagst, nehme ich dich nicht mehr mit ins Stadion!", droht Papa.

Da wird es Jonas zu dumm. „Ich will auch gar nicht mehr mit, das ist mir viel zu langweilig. Und disqualifiziert kann ich sowieso noch nicht sagen. Dafür bin ich noch zu klein."

Der Hausgeist

Die Möhlmanns waren eigentlich eine ziemlich normale Familie. Sie wohnten in einer Doppelhaushälfte am Stadtrand von Bremen. Vater und Mutter Möhlmann arbeiteten bei einer Bank. Er den ganzen Tag, sie nur halbtags. Marina und Markus Möhlmann waren Zwillinge und gingen in die dritte Klasse. Beide mit mäßigem Erfolg. Doch obwohl die Möhlmanns eine ziemlich normale Familie waren, passierten bei ihnen immer wieder eigenartige Dinge. So verschwanden zum Beispiel jeden Tag Gegenstände auf unerklärliche Weise. Meistens waren es Sachen, die den Kindern gehörten.

„Mama, wo sind meine Socken?", fragte Markus eines Morgens.

„Da, wo du sie gestern Abend ausgezogen hast", antwortete Mama.

„Ich habe sie hierher gelegt", sagte Markus und zeigte auf den Stuhl neben seinem Bett. Aber auf dem Stuhl lagen keine Socken. Auch nicht unter Markus' Hose.

„Bist du sicher, dass du …"

„Ja!", unterbrach Markus seine Mutter.

Noch während sie die Socken suchten, rief Marina aus ihrem Zimmer: „Mama, wo ist mein Lineal?"

„Woher soll ich denn das wissen!", rief Mama zurück.

„Ich habe es gestern auf meinen Schreibtisch gelegt!"

„Dann liegt es sicher auch noch da", meinte Mama.

„Nein, tut es nicht!", rief Marina. „Und ich brauche es heute unbedingt in der Schule!"

Doch sosehr sie das Lineal auch suchten, es blieb verschwunden.

Dafür fanden sie Markus' Socken in Marinas Papierkorb. Obwohl niemand sie da hineingeworfen hatte. So war es oft im Hause Möhlmann. Manche Gegenstände tauchten an völlig überraschenden Orten wieder auf, andere blieben ganz verschwunden.

Deswegen sagte Vater Möhlmann eines Tages: „Ich glaube, bei uns spukt es. Hier muss ein Geist im Haus sein, der all die Sachen verschwinden lässt. Denn von allein verschwinden sie ja wohl nicht."

„Ein Geist?", fragte Markus.

Marina lachte. „Geister gibt's doch überhaupt nicht."

„So?", fragte Vater Möhlmann. „Dann erklär mir bitte mal, wie mein Füller in dein Federmäppchen kommt, wenn du ihn nicht hineingetan hast!"

Das konnte Marina nicht.

„Na, siehst du", sagte Vater Möhlmann. „Und wo ist Markus' Tischtennisschläger geblieben, den wir seit drei Tagen vergeblich suchen?"

„Weiß ich doch nicht", brummte Marina.

„Normalerweise müsste er unten im Schrank an seinem Platz liegen."

„Da liegt er aber nicht", sagte Markus.

Vater Möhlmann nickte. „Genau. Und wenn ihn von uns niemand weggenommen, versteckt oder verlegt hat, gibt es nur eine Erklärung: Unser Hausgeist war's."

Der Hausgeist ließ auch in den nächsten Wochen und Monaten immer wieder etwas verschwinden. Vom Bleistiftspitzer bis zur Pudelmütze. Im Hause Möhlmann regte sich darüber nur noch selten jemand auf.

Am 20. Oktober feierten Marina und Markus ihren neunten Geburtstag. Und zwischen den Geschenken von Eltern, Großeltern, Tanten und Onkeln stand auf einmal ein riesengroßes Paket, von dem niemand wusste, wer es dahin gestellt hatte.

„Für wen ist es denn?", fragte Marina.

„Es steht kein Name drauf", stellte Markus fest. „Dann ist es für uns beide."

Zusammen öffneten sie das Paket – und trauten ihren Augen kaum: Es lag alles drin, was in den letzten Wochen und Monaten verschwunden war, vom Bleistiftspitzer bis zur Pudelmütze.

„Das ... das ... das ist vom Hausgeist", stammelte Markus. Marina schluckte nur. Sie war erst einmal völlig sprachlos.

TRÖSTEN UND MUTMACHEN

GRIFFBEREIT

Papa schaut vorsichtig ins
Kinderzimmer, löscht das Licht
aus und zieht die Tür zu.
„Nicht die Tür zumachen", bittet Felix ihn. „Sonst ist es so
dunkel."
Papa öffnet die Tür wieder ein Stück. „Jetzt wird aber end-
lich geschlafen! Es ist höchste Zeit."
Felix möchte ja gern schlafen, am liebsten sofort. Aber oben
auf dem Schrank sitzt wieder ein Geist und lässt ihn nicht.
Felix kriecht tief ins Bett und lauscht.

Da! Ein Rascheln und Rauschen! Bestimmt schwebt der Geist durchs Zimmer. „Gleich wird er mir die Decke wegreißen und mich packen", denkt Felix. Er hält den Atem an – doch nichts geschieht. Kein Geist greift nach ihm. Unter der Bettdecke wird es heiß und stickig. Felix schiebt den Kopf hervor – und sieht den Geist sofort. Er sitzt jetzt am Fußende des Bettes. „Nichts wie runter", denkt Felix. „Ob ich nach Papa rufen soll? Aber der glaubt mir bestimmt nicht, dass wieder ein Geist im Zimmer ist. Wenn Papa kommt und Licht macht, verschwindet der Geist bestimmt wieder wie letztes Mal."

Licht, das ist die Idee! Vor dem Licht haben Geister nämlich Angst, das weiß Felix. Aber der Lichtschalter ist viel zu weit

weg. Bevor Felix den erreicht, hat der Geist ihn schon geschnappt. „Ich will eine kleine Lampe neben meinem Bett", denkt Felix. „Gleich morgen."

Aber jetzt ist noch nicht morgen, jetzt ist erst heute Abend und der Geist sitzt auf dem Bett.

Plötzlich fällt Felix die kleine Taschenlampe ein, die Papa ihm kürzlich von einer Reise mitgebracht hat. Sie muss in der obersten Schublade des Schränkchens liegen. Felix schiebt die rechte Hand aus dem Bett, tastet das Schränkchen ab, findet den Griff der obersten Schublade, zieht sie langsam auf und greift hinein. Alles liegt wild durcheinander, und es dauert ziemlich lange, bis Felix etwas in den Fingern hat, was sich wie eine Taschenlampe anfühlt. Vorsichtig nimmt er sie heraus, zielt auf das Fußende seines Bettes, wo er den Geist vermutet, und macht Licht. Von dem Geist ist nichts mehr zu sehen. Zur Sicherheit leuchtet Felix noch einmal durchs ganze Zimmer. Dann knipst er die Taschenlampe wieder aus und legt sie hinter sein Kopfkissen, damit er sie jederzeit griffbereit hat.

Der wilde Wind

Heute ist ein Novembertag, wie er in keinem Bilderbuch steht. Schmuddelig und neblig. Außerdem schüttelt und rüttelt der Wind an allem, was nicht niet- und nagelfest ist. Sophia sitzt mit einem Buch in der Hand auf der Wohnzimmercouch.

Doch ihre Gedanken huschen ständig von der Geschichte weg hinaus vor das Haus. Dort treiben sich unheimliche Wesen herum. Böse Hexen, Geister und Gespenster, blutsaugende Vampire und gefährliche Räuber.

„Sophia!", ruft plötzlich eine Stimme.

Sophia zuckt zusammen. Sie schaut über das Buch zur Tür.

„Sophia!", ruft die Stimme noch einmal. Dann öffnet sich die Tür.

„Warum antwortest du denn nicht, wenn ich dich rufe?", fragt Mama.

Sophia kann auch jetzt nicht antworten. Sie guckt Mama nur mit großen Augen an.

„Was ist denn mit dir?", fragt Mama.

„Draußen sind …"

In diesem Augenblick zuckt das Licht zweimal kurz. Es dauert nicht länger als ein Blinzeln. Doch Sophia lässt das Buch fallen, läuft zu ihrer Mama und klammert sich an sie.

„Na, na", sagt Mama und hält Sophia fest.

„Draußen sind Hexen und Gespenster und Räuber und
Einbrecher", nuschelt Sophia gegen Mamas Bauch.

Mama streichelt Sophia über den Kopf. „Es hört sich
wirklich zum Fürchten an", gibt sie zu. „Aber es ist nur
der Wind."

Das glaubt Sophia nicht. Sie hat das Klopfen gegen die
Balkontür genau gehört. Und da ist es schon wieder!
Mama will zur Balkontür gehen und nachschauen.

„Nein!", ruft Sophia und hält sie fest. „Das darfst du
nicht!"

Mama nimmt Sophia in den Arm. „Sieh mal, Sophia",
beginnt sie, „wenn wir jetzt nicht nachschauen, was gegen
die Balkontür klopft, stellen wir uns immer vor, es wären
Hexen, Gespenster, Räuber und Einbrecher. Dann haben wir
den ganzen Abend Angst. Und diese Angst wird von Minute
zu Minute größer."

„Aber ich …"

„Soll ich allein nachschauen?", fragt Mama.

„Nein."

Mama steht auf und nimmt Sophia an die Hand. Langsam
gehen sie zur Balkontür. Gerade als Mama den Vorhang zur
Seite schiebt, klopft es lauter als bisher, und beiden schlägt
das Herz bis zum Hals. Sophia zieht an Mamas Hand, aber
Mama schüttelt den Kopf.

„Wir müssen hinaus", sagt sie nur.

Sie drückt den Griff hinunter und öffnet die Tür. Sofort
pfeift der Wind herein. Mama tastet nach dem Lichtschalter
und knipst das Licht an. Da sieht sie auch schon, was gegen
die Tür geklopft hat: der Ärmel einer Bluse, die neben der
Tür am Wäscheständer hängt.

Mama schließt die Tür wieder. Weil draußen jetzt das Licht
brennt, können sie sehen, wie der Ärmel gegen die Scheibe
geweht wird.

„Und wenn der Blusenknopf auf das Glas schlägt, hört es
sich so an, als klopfe jemand."

Mama öffnet die Tür noch einmal, nimmt Sophia auf den
Arm und geht mit ihr hinaus.

„Nein, nicht", sagt Sophia.

Mama drückt sie fest an sich und stellt sich mitten auf den Balkon. Der Wind nimmt ihnen fast den Atem und zerzaust ihre Haare.

Mama strahlt Sophia an. „Ich finde es ganz toll von uns, dass wir das geschafft haben."

Sophia ist hin- und hergerissen. Einerseits scheint ihr trotz des Lichts alles ziemlich unheimlich. Andererseits ist es ein tolles Gefühl, hier draußen zu stehen und den wilden Wind am ganzen Körper zu spüren.

„So, nun wissen wir, was hier draußen los ist", sagt Mama. „Jetzt gehen wir wieder hinein ins Warme und machen es uns schön gemütlich."

Sophia nickt.

DIE ZAUBERPFEIFE

Heute kocht Papa. Und weil ihm dazu Bohnen fehlen, schickt er Marvin in den Keller. Doch der will nicht in den Keller. Zuerst denkt Papa, Marvin sei einfach zu faul. Aber das stimmt nicht. Und Papa merkt, dass Marvin Angst hat. Er wischt sich die Hände ab und nimmt seinen Sohn auf den Arm.

„Vor dem Keller habe ich als Junge auch immer Angst gehabt", flüstert er Marvin ins Ohr.

„Wirklich?"

Papa nickt. „Wirklich."

„Aber jetzt hast du keine Angst mehr", meint Marvin.

„Vor dem Keller nicht, das stimmt." Papa trägt Marvin ins Schlafzimmer. Dort holt er aus seinem Nachtschränkchen eine alte Trillerpfeife. „Und diese Pfeife hat mir geholfen. Die vertreibt nämlich alle bösen Hexen und Geister."

„Wirklich?", fragt Marvin wieder.

„Wenn ich es dir sage." Papa gibt Marvin die Pfeife. „Ich schenk sie dir. Du brauchst sie jetzt nötiger als ich."

Marvin schaut die Trillerpfeife an.

„Am besten, du probierst sie gleich aus", schlägt Papa vor.

„Aber wenn …"

„Ich komme mit dir", sagt Papa.

Zusammen gehen sie in den Keller. Marvin bläst kräftig in die Pfeife. Und tatsächlich, nirgendwo hocken Hexen und Geister.

„Siehst du, es klappt", sagt Papa. „Genau wie früher bei mir."

Er nimmt die Bohnen, dann gehen sie wieder nach oben. Marvin ist noch nicht ganz sicher. Vielleicht sind die Hexen und Geister nicht wegen der Pfeife verschwunden, sondern weil sie vor Papa Angst haben. Das möchte er genau wissen. Also muss er noch einmal in den Keller. Mit der Pfeife, aber ohne Papa.

Gleich nach dem Essen wagt Marvin es. Vorsichtig öffnet er die Tür und bläst aus vollen Backen in die Trillerpfeife.

Nichts rührt sich. Da steigt Marvin Stufe für Stufe hinab.

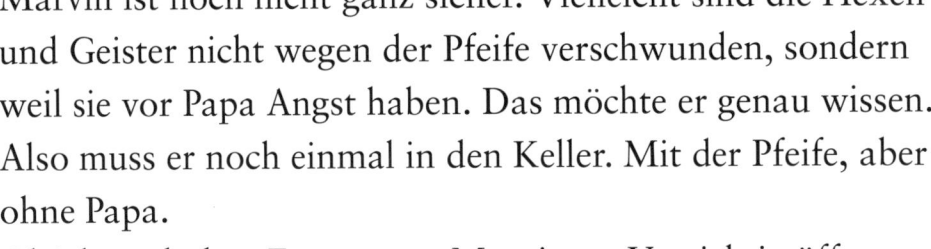

Sein Herz klopft wie wild. Auf halbem Weg bleibt er stehen und pfeift wieder, dass es in den Ohren schrillt. Keine Hexe huscht herum und kein Geist. Pfeifend geht Marvin die letzten Stufen hinunter. Vor der Kellertür dreht er wieder um. Und zurück geht er, ganz ohne zu pfeifen.

Wovor Papa als Junge überhaupt Angst hatte. Die Kinder früher müssen ja richtige Angsthasen gewesen sein.

ERLEICHTERT

Oscar und sein Freund Paul sitzen vor dem Computer und spielen.

„Ich muss mal", sagt Paul nach einer Weile. Er steht auf und geht zur Toilette.

Wenig später hört Oscar einen Schrei. Er springt auf, stürzt aus dem Zimmer, sieht Paul vor der Toilette stehen und fragt: „Was ist passiert?"

„Da … da drin … sitzt … eine Spinne", stammelt Paul.

„Und deswegen schreist du, dass der Computer fast abgestürzt wäre", sagt Oscar. Er öffnet die Tür und schaut in die Toilette.

Paul weicht zurück.

„Ich sehe sie", sagt Oscar.

„Mach sie tot!", bittet ihn sein Freund.

„Warum denn? Die tut doch keinem etwas."

„Aber ich muss aufs Klo, und solange die da drin ist, kann ich nicht", murmelt Paul. „Dann mach ich in die Hose." Er kneift die Beine zusammen, damit das nicht gleich passiert.

Oscar kann sich ein Grinsen nicht verkneifen. Er geht hinein und nähert sich vorsichtig der Spinne. Sie bemerkt ihn, wuselt blitzschnell in eine Ecke und macht sich klein. Oscar reißt ein Blatt Toilettenpapier ab und schafft es mit einiger

Mühe, das Spinnenknäuel daraufzubringen. Schnell, aber trotzdem behutsam, um das zarte Tier nicht zu verletzen, knüllt er das Papier leicht zusammen und geht damit an Paul vorbei, der sich an die Wand drückt. Dann schlurft Paul in die Toilette und schafft es gerade noch rechtzeitig. Erleichtert wartet er an der Haustür auf Oscar.

„Ich habe sie ins Blumenbeet gelegt", sagt Oscar, als er zurückkommt. „Sie ist sofort losgelaufen."

„Ich könnte das nie", murmelt Paul. „Spinnen sind für mich das Ekligste, was es gibt."

„Ich finde sie überhaupt nicht eklig. Sie sind …"

„Komm, wir spielen weiter", unterbricht Paul seinen Freund, weil er nicht länger über Spinnen reden möchte.

Nicht erst morgen

Emma und Dominik lachen Jakob aus.

„Der braucht immer noch Stützräder", lästert Emma.

„Wie ein Baby", fügt Dominik hinzu.

„Ihr seid blöd!", ruft Jakob, springt von seinem Rad, dass es trotz der Stützräder umfällt, läuft ins Haus und seinem Papa genau in die Arme.

„Langsam, langsam", sagt er.

„Emma und Dominik haben mich ausgelacht", nuschelt Jakob in Papas Hemd und schnieft.

„Warum denn?"

„Weil ich nur mit Stützrädern fahren kann."

„Das ist dumm von denen", sagt Papa. „Aber weißt du was? Wir machen die Stützräder einfach ab, dann haben sie keinen Grund mehr, dich auszulachen."

„Aber … aber … ich … ich kann doch nicht ohne Stützräder fahren", stammelt Jakob.

„Woher willst du das wissen?", fragt Papa. „Du hast es ja noch gar nie probiert."

„Aber … aber …", beginnt Jakob wieder.

„Nichts aber", unterbricht ihn Papa. „Ich bin sicher, du schaffst das."

Jakob ist keineswegs sicher, das sieht man ihm an. Aber versuchen würde er es schon gern. Und wenn er es schafft, können ihn Emma und Dominik nicht mehr auslachen.

Papa holt den Werkzeugkasten aus der Garage und montiert

die Stützräder ab. Dann schaut er seinen Sohn an. „Na los, steig auf! Ich halte das Fahrrad gut fest."

Jakob schüttelt den Kopf. „Morgen", murmelt er, „morgen fahre ich."

„Du möchtest doch gern ohne Stützräder fahren, stimmt's?" Jakob nickt.

„Na siehst du", sagt Papa. „Deswegen probierst du es nicht erst morgen, sondern gleich heute. Und ich passe auf, damit dir nichts passieren kann."

Weil Jakob wirklich gern ohne Stützräder fahren möchte, setzt er sich mit klopfendem Herzen auf sein Rad. „Aber nicht loslassen!", sagt er.

„Natürlich nicht", verspricht Papa.

Jakob drückt auf die Pedale, allerdings so vorsichtig, als wolle er am liebsten stehen bleiben.

Papa schiebt und beginnt zu laufen. „Du musst treten, damit du Schwung bekommst!"

Jakob tritt etwas kräftiger in die Pedale.

„Gut so!", lobt ihn Papa.

Jakob wird mutiger und tritt noch schneller.

„Siehst du, du kannst es!"

Es dauert nicht lange, dann fährt Jakob so schnell, dass Papa sich schon ordentlich anstrengen muss, um mithalten zu können.

„Das ist toll!", ruft Jakob. „Ohne Stützräder zu fahren, ist ein bisschen wie fliegen", denkt er.

„Langsamer! Ich kann nicht mehr", keucht Papa.

„Aber ich!" Jakob radelt weiter und Papa muss den Sattel loslassen.

Nun fährt Jakob ohne Stützräder und ohne Papa.

Das geht prima – bis er anhalten möchte. Da beginnt das Vorderrad zu schlenkern. Jakob lässt den Lenker los und landet auf dem Po. Das Rad fällt scheppernd zu Boden.

Papa kommt angelaufen. „Hast du dir wehgetan?"

Jakob steht schon wieder, reibt sich den Po, schüttelt den Kopf und strahlt seinen Papa an. „Jetzt kann ich ohne Stützräder fahren, genau wie Emma und Dominik!"

Papa streicht ihm übers Haar. „Ich bin stolz auf dich, sehr stolz!"

GUGU

Auf dem Spielplatz in der Weststadt sind viele Kinder.
Tobias ist auch da. Er hat schon den Kletterbaum bestiegen,
ist ein paarmal auf der großen Rutsche gerutscht und möchte
jetzt schaukeln. Aber Jenny und Hauke schaukeln mindestens schon eine Viertelstunde und hören nicht auf.
Tobias stellt sich neben die Schaukel und sagt: „Wenn ihr
mich jetzt nicht schaukeln lasst, hole ich meinen Gugu!"
Jenny und Hauke tun so, als hätten sie nichts gehört, und
schaukeln weiter.
„Ich hole ihn wirklich!", droht Tobias, dreht sich um und
geht.

„He, Tobi!", ruft Hauke. „Komm, du kannst schaukeln!"

„Wir haben sowieso keine Lust mehr", sagt Jenny.

Tobias kommt zurück, sucht sich die schönste Schaukel aus, setzt sich drauf und schaukelt. Während er schaukelt, sieht er, dass ein paar Kinder Blindekuh spielen. Sofort springt Tobias von der Schaukel und läuft zu ihnen. „He, ich will auch mitspielen!"

„Wir brauchen aber keinen mehr", sagt Eike.

„Wenn ihr mich nicht mitspielen lasst, hole ich meinen Gugu", droht Tobias wieder.

„Du immer mit deinem doofen Gugu", brummt Eike.

„Wer ist denn das überhaupt?"

„Das wirst du bald sehen, wenn ich nicht mitspielen darf", antwortet Tobias.

Nils stupst Eike an. „Komm, wir lassen ihn mitspielen. Auf einen mehr kommt's auch nicht an."

„Meinetwegen", brummt Eike.

Als Tobias die Blindekuh ist, führen ihn die anderen Kinder so lange in die Irre, bis er keine Lust mehr hat und die Binde von den Augen reißt. „Ich muss jetzt nach Hause."

Er will seinen Ball holen, doch der ist weg. „Wo ist mein Ball?"

Alle ziehen die Schultern hoch und gucken Tobias unschuldig an. Der sucht den ganzen Spielplatz ab, kann seinen Ball aber nirgendwo entdecken. „Wenn ihr mir meinen Ball nicht gebt, hole ich meinen Gugu!"

„Hol ihn doch, deinen doofen Gugu!", sagt Eike. „Ich habe keine Angst vor ihm."

„Gut, ich hole ihn." Tobias marschiert sofort los.

Bevor er den Spielplatz verlässt, ruft jemand hinter ihm: „Hier hast du deinen alten Ball!"

Fast gleichzeitig fliegt der Ball haarscharf an Tobias' Kopf vorbei. Tobias läuft ihm hinterher, fängt ihn und geht nach Hause.

„Hallo, Gugu!", sagt er zu Hause. „Heute hast du mir wieder prima geholfen. Ohne dich hätten sie mir meinen Ball bestimmt nicht wiedergegeben." Tobias holt seinen Goldhamster aus dem Käfig und streichelt ihn liebevoll.

„Du bist wirklich ein ganz toller Kerl, mein kleiner Gugu!"

Ein kleiner Zauberer

In den Sommerferien ist Annes Familie umgezogen. Das Haus befindet sich in einem Neubaugebiet am Ortsrand. Anne hat ein schönes Zimmer mit Blick auf Wiesen und Wald. Aber sie fühlt sich noch nicht zu Hause. Alles ist ihr neu und fremd. Und sie vermisst ihre Freundin Julia sehr. Jetzt liegt Anne im Bett und kann nicht schlafen. Wenn sie an morgen denkt, wird ihr heiß und flau im Magen. Denn morgen muss sie zum ersten Mal in die neue Schule, wo sie niemanden kennt.

Anne flüstert ihrem kleinen Zauberer ins Ohr: „Du musst morgen mit mir in die Schule gehen, damit ich nicht allein bin. Und dann musst du alle so verzaubern, dass sie nett zu mir sind."

Der Zauberer nickt. Wange an Wange mit ihm schläft Anne irgendwann ein.

Am nächsten Morgen ist Anne sehr still. Auf dem Weg zur Schule versucht Mama sie aufzumuntern. „Hier gibt es bestimmt genauso nette Kinder wie …" *Zu Hause* hätte sie jetzt beinahe gesagt. Sie kann die Worte aber gerade noch unterdrücken und sagt stattdessen: „… wie überall. Und du findest bestimmt bald Freundinnen und Freunde."

Das hofft Anne natürlich auch, aber sie ist da nicht so sicher. Mama geht mit Anne zuerst ins Sekretariat. Dort steht gerade die Schulleiterin und begrüßt Anne freundlich. Dann sagt sie: „Ich bringe dich jetzt zu Frau Sommer; sie nimmt dich mit in deine neue Klasse."

Mama gibt Anne noch einen Kuss und flüstert ihr ins Ohr:

„Mach's gut, mein Schatz." Anne muss kräftig schlucken, als sie mit der Schulleiterin hinausgeht.

Frau Sommer ist eine junge Lehrerin mit einem rotbraunen Lockenkopf und lustigen Augen. Auf dem Weg ins Klassenzimmer ist Anne so mit Schauen beschäftigt, dass sie gar nicht richtig hört, was Frau Sommer alles zu ihr sagt.

Und plötzlich steht sie vor den anderen Kindern. Während sie in die Klasse schaut, hört sie eine Jungenstimme sagen: „Die hat ja eine Puppe dabei wie ein Baby."

„Du bist doof!", ruft Leonie sofort.

„Doof ist Jan nicht", sagt Frau Sommer. „Er kann sich anscheinend nur nicht vorstellen, wie es ist, in eine neue Klasse zu kommen."

Leon meldet sich.

„Ich weiß noch, wie das war, als ich im Januar hierherkam. Da hat mein Herz ganz wild geklopft und ich hab gar nichts sagen können."

Frau Sommer lächelt. „Aber dann hast du gemerkt, dass wir eine sehr nette Klasse sind."

Leon nickt. „Das merkt … sie bestimmt auch bald."

„Sie hat auch einen Namen." Frau Sommer guckt Anne an. „Möchtest du ihn selbst sagen?"

Anne schluckt und sagt leise: „Anne Schiller."

Leonie zeigt auf die Puppe. „Und wer ist das?"

„Das ist mein kleiner Zauberer", antwortet Anne.

„Kann der wirklich zaubern?", fragt Leonie, die ziemlich neugierig ist und alles wissen möchte.

„Quatsch!", ruft Maria. „Eine Puppe kann doch nicht zaubern."

„Höchstens in Annes Fantasie", meint Leon, der für einen Zweitklässler schon sehr klug ist.

„Und wenn Annes kleiner Zauberer ihr in den ersten Tagen helfen kann, sich bei uns wohler zu fühlen, darf sie ihn gerne mitbringen. Ich bin sicher, das verstehen jetzt alle."

Bei den letzten Worten schaut sie Jan an, der verlegen wird und den Blick senkt.

„Ich schlage vor, dass sich Anne erst mal neben Leonie setzt", sagt Frau Sommer und zeigt auf den freien Platz.

Annes Beine sind weich wie Pudding. Sie ist froh, als sie sich endlich setzen kann. Und von Leonie wird sie mit einem Lächeln begrüßt.

Der Kleinste

Am Nachmittag treffen sich einige Kinder auf dem Bolzplatz
bei der Schule zum Fußballspielen. Niklas wohnt gleich
neben dem Bolzplatz. Vom Fenster in seinem Zimmer sieht
er die Kinder und läuft zu ihnen, weil Fußball sein Lieblings-
sport ist.

Fynn und Markus sind die größten Jungen und wählen zwei
Mannschaften. Als Letzter steht noch Niklas da. Und weil
er der Kleinste ist, will ihn niemand haben.

„Geh aus dem Weg", ruft Fynn, „sonst rennen wir dich
um!"

Niklas rührt sich nicht.

„Hast du nicht gehört?" Fynn kommt angelaufen und
schubst Niklas vom Spielfeld.

„Du bist doof!", ruft Niklas.

„Sei bloß vorsichtig, sonst …" Fynn hebt drohend die
Faust.

Niklas trottet mit hängenden Schultern davon. Als die
andern ihn nicht mehr sehen, setzt er sich auf eine Bank,
vergräbt den Kopf zwischen den Armen und weint.

Plötzlich tippt ihm jemand auf die Schulter. Er hebt den
Kopf ein wenig und sieht Florian mit einem Ball unterm
Arm vor sich stehen.

„Warum weinst du?"

Niklas wischt schnell die Tränen weg, antwortet aber nicht auf Florians Frage.

„Lassen sie dich nicht mitspielen?"

Niklas schweigt immer noch und zieht die Nase hoch.

„Mich haben sie auch schon ein paarmal weggeschickt", sagt Florian. „Ich hab jetzt selbst einen Ball." Er prellt ihn auf den Boden. „Kommst du mit zum Spielplatz? Da sind bestimmt welche, die mit uns kicken. Dann können wir ein richtiges Spiel machen."

Niklas nickt und steht auf.

Schrecksekunden

Victoria und Yasemin wohnen im Hochhaus in der Römerstraße, im fünften Stock. Bis vor drei Tagen waren sie die besten Freundinnen. Aber da haben sie sich auf dem Spielplatz gestritten, weil jede als Erste schaukeln wollte. Zuletzt hat Yasemin ihre Freundin so geschubst, dass die auf den Po gefallen ist.

„Ich bin nicht mehr deine Freundin!", hat Victoria gerufen.

„Dann hau doch ab, du dumme Nuss!", hat Yasemin zurückgerufen.

Das hat Victoria getan. Seither gehen sie sich aus dem Weg. Bevor sie die Wohnung verlassen, gucken sie erst durch einen Türspalt. Wenn sie die andere im Treppenhaus entdecken, ziehen sie die Tür schnell wieder zu – obwohl sie ihre beste Freundin schon am zweiten Tag vermissen.

Auch heute öffnet Victoria die Tür vorsichtig und verlässt die Wohnung erst, als sie sieht, dass draußen die Luft rein ist. Sie geht zum Aufzug, drückt auf den Knopf und wartet. Wenig später hört sie die bekannten Geräusche, die das Halten des Aufzuges ankündigen. Dann öffnet sich die Tür – und Yasemin erscheint. Ein paar Schrecksekunden lang starren sich die beiden Mädchen an, dann schließt sich die

Tür wieder. Sonst geschieht nichts, alles bleibt ruhig. Der Aufzug wartet, bis er in ein anderes Stockwerk gerufen wird. Langsam hebt Victoria die Hand und drückt erneut auf den Knopf. Die Tür öffnet sich, Yasemin steht noch auf derselben Stelle.

„Ich habe gestern ein Kätzchen bekommen", sagt Victoria leise. „Willst du es mal sehen?"

Yasemin nickt.

Schon schließt sich die Tür wieder.

„Halt!", ruft Victoria und drückt schnell auf den Knopf. Sofort öffnet sich die Tür und Yasemin kommt heraus. Viktoria nimmt ihre Freundin an die Hand und geht mit ihr zurück in die Wohnung. Dort liegt das Kätzchen in einem gepolsterten Korb. Es schaut die Mädchen mit seinen großen Augen an und miaut leise.

„Das ist ja süß!", sagt Yasemin.

Victoria hebt das Kätzchen behutsam aus dem Korb. Dann streicheln sie es abwechselnd.

UNSICHTBAR

„Der Hund schläft nicht mehr in deinem Bett!", sagt Papa. „Das ist unhygienisch."

Noah weiß nicht, was unhygienisch ist, und er will es auch gar nicht wissen. Er weiß aber, dass er ohne August nicht schlafen kann. Denn wenn August ihn nicht bewacht und beschützt, kommt das Monster in der Nacht unter dem Bett hervor.

„So ein Quatsch!", sagt Papa. „Es gibt überhaupt keine Monster."

Das weiß Noah besser. Er hat das Monster ja selbst schon gesehen. Rot ist es, hat glühende Augen, ein großes Maul und scharfe Zähne. Und vier Arme.

„Das hast du geträumt", behauptet Papa. „Weil du schon an das Monster denkst, wenn du ins Bett gehst. Du musst an etwas Schönes denken, dann träumst du auch nicht von Monstern."

Noah lässt Papa reden. Er muss jetzt überlegen und sich schnell etwas einfallen lassen.

„Wenn August nicht mehr in meinem Bett schlafen darf, möchte ich bei euch im Bett schlafen", sagt er.

„Kommt nicht infrage!", entgegnet Papa. „Dafür bist du zu groß."

„Dann würden wir uns schubsen und treten und könnten nicht ruhig schlafen", erklärt Mama. „Das geht wirklich nicht, mein Schatz."

Noah merkt, dass er damit nicht durchkommt, und überlegt weiter: „Wenn ich in meinem Bett schlafen muss und August mich nicht beschützen darf, muss das Monster aus meinem Zimmer verschwinden."

„Du musst das Monster vertreiben", sagt Noah zu Papa. Der schüttelt den Kopf. „Ich kann nichts vertreiben, was gar nicht da ist." Er holt eine Taschenlampe, nimmt Noah an die Hand und geht mit ihm in dessen Zimmer. Dort legt er sich auf den Bauch und leuchtet mit der Taschenlampe unters Bett. „Leg dich neben mich, damit du mit eigenen Augen siehst, dass da unten kein Monster ist."

„Wenn du da bist, macht es sich unsichtbar", murmelt Noah.

„Es *macht* sich nicht unsichtbar, es *ist* unsichtbar", sagt Papa schon leicht gereizt. „Denn was es nicht gibt, kann man natürlich nicht sehen."

„Noah", versucht es jetzt Mama. „Ich lese dir eine schöne Geschichte vor. Dann lasse ich die Tür offen und im Flur das Licht brennen."

Papa brummt ein: „Gute Nacht!", und geht aus dem Zimmer. Noah legt sich ins Bett, Mama setzt sich zu ihm, schlägt ein Buch auf und liest. Aber Noah kann nicht richtig zuhören, weil seine Gedanken mit dem Monster beschäftigt sind. Und während Mama vorliest, hat Noah eine Idee.

Als die Geschichte zu Ende ist, gibt Mama Noah einen Gutenachtkuss und geht ins Wohnzimmer.

Noah wartet noch eine Weile, dann knipst er das Licht an, steht auf und schleicht in die Küche. Dort holt er die angebrochene Packung Hundefutter und schleicht wieder zurück.

Dabei hört er August bellen und bleibt einen Augenblick
atemlos stehen.

„Sei still und leg dich hin!", befiehlt Papa.

August fiept.

Noah geht auf Zehenspitzen weiter. In seinem Zimmer atmet
er erst einmal tief durch. Dann legt er mit dem Hundefutter
eine Spur von seinem Bett zum Fenster. Er öffnet es und legt
außen zwei Kringel auf das Fensterbrett. Und eine Handvoll
wirft er hinunter in den Garten.

Als Noah wieder im Bett liegt, zieht er die Decke über den
Kopf, dass er nichts sieht und nichts hört.

Am nächsten Morgen weckt Mama ihn mit einem Gutenmorgenkuss. „Na, mein Schatz, hast du gut geschlafen?" Geschlafen? Noah braucht noch ein paar Sekunden, bis er richtig wach ist. Dann springt er aus dem Bett und schaut nach dem Hundefutter. Es ist weg!

„Wie kommt es, dass das Fenster offen ist?", fragt Mama erstaunt.

Statt zu antworten, schaut Noah nach draußen – auch die zwei Kringel auf dem Fensterbrett sind verschwunden.

„Es hat geklappt!", ruft Noah und springt Mama in die Arme. „Es hat geklappt!"

„Was hat geklappt?"

Noah erzählt seiner Mama, wie er das Monster aus dem Zimmer gelockt hat.

Da kommt August herein und schnüffelt herum, als suche er etwas.

Mama lächelt. „Das war eine tolle Idee! Jetzt bist du das Monster für immer los." Und zur Feier des Tages bekommt Noah einen zweiten Gutenmorgenkuss.

VIEL WICHTIGER

Moritz ist ein wenig verträumt, ziemlich ruhig und zurückhaltend, ja sogar etwas schüchtern, und er braucht zu allem viel Zeit. Das bringt ihm in der Schule manchmal Probleme, weil er zu langsam ist – jedenfalls für das Tempo der Lehrerin. Frau Brückmüller ist zwar nett, aber weil sie mit ihrem Lehrstoff zügig vorwärtskommen will, geht es für Moritz oft zu schnell. Denn er muss viel nachdenken, ausprobieren, überprüfen und wieder nachdenken.

Allein so ein kleines Wort wie „viel" bereitet ihm beim Diktat großes Kopfzerbrechen. Soll er es mit f oder v, mit e oder ohne oder vielleicht sogar mit e und h schreiben? Wenn man „vielleicht" mit zwei l schreibt, schreibt man dann vielleicht auch „viel" mit zwei l? Zumindest glaubt Moritz, dass er das kleine Wort kleinschreiben muss, aber völlig sicher ist er sich auch in dieser Frage nicht. Auf dem Löschblatt probiert er alle möglichen Schreibweisen aus, und lange bevor er sich für eine entscheiden kann, ist die Lehrerin schon beim nächsten Wort, ja beim nächsten Satz. Da es in einem Diktat viele kleine Wörter wie „viel" gibt und noch viel, viel größere, hat Moritz vor jedem Diktat Angst. Und während des Schreibens stellt er sich schon vor,

wie die Seite aussehen wird, wenn Frau Brückmüller ihm sein Heft zurückgibt: rot überflutet von der Lehrertinte, bei der er immer an Blut denken muss.

Aber nicht nur beim Rechtschreiben hat Moritz wegen seiner Langsamkeit Probleme. Einmal schreibt Frau Brückmüller eine Denkaufgabe an die Tafel:

FLORI STEHT HINTER MAXI,
WÄHREND MAXI GLEICHZEITIG HINTER FLORI STEHT.
WIE IST DAS MÖGLICH?

Kaum ist sie mit Schreiben fertig, ruft der vorlaute Jasper schon: „Flori ist um Maxi herumgelaufen!"

„Jasper!", entgegnet Frau Brückmüller. „Du sollst dich melden, bevor du etwas sagst. Und deine Antwort ist ohnehin nicht richtig!"

Moritz muss an seinen Cousin denken, der Florian heißt. Auch ihn nennen alle Flori. „Komisch", denkt Moritz, „zu

Florian sagt man Flori, zu Maximilian Maxi. Warum sagt man dann zu mir nicht Mori? Mori? Das hört sich doof an. Da klingt Moritz viel schöner.

Frau Brückmüller sieht Moritz an, dass er mal wieder mit offenen Augen träumt, und ruft ihn auf: „Moritz, hier spielt die Musik!"

Moritz erschrickt. Musik? Welche Musik?

Die Lehrerin tippt mit dem Finger an die Tafel. Da erst kommen Moritz Gedanken ins Klassenzimmer zurück. Jetzt weiß er auch wieder, worum es geht. Und plötzlich hat er eine Idee und die Lösung – er glaubt wenigstens, dass es die Lösung ist.

Vorsichtig schaut er sich um, keine Hand ist oben. Diesmal könnte er sich als Erster melden. Moritz Herz schlägt schneller, er bekommt feuchte Hände, schluckt und sagt die Lösung ein paarmal in Gedanken.

Zögernd hebt er den Arm. „Aber wenn es doch falsch ist", denkt Moritz und lässt den Arm wieder sinken.

Er liest die Aufgabe noch einmal ganz genau und ist nun sicher, dass seine Lösung stimmt. Und gerade als er sich melden will, ruft Marie: „Flori und Maxi stehen Rücken an Rücken!"

Die Antwort ist richtig, genau wie Moritz Antwort richtig gewesen wäre. Enttäuscht sinkt er in sich zusammen. Er ist wütend auf sich selbst, weil er mit seiner Antwort zu lange gezögert hat.

So geht es Moritz oft. Seine Denkwege sind einfach zu

verschlungen, ihm fällt beim Nachdenken so viel auf und ein, dass er meistens zu spät kommt.

Doch dafür erlebt er in seinen Fantasiereisen viel mehr als andere Kinder und kann allen, die ihm zuhören, tolle Geschichten erzählen. Deshalb schreibt er auch die besten Aufsätze in der Klasse. Frau Brückmüller liest sie häufig vor. „Du wirst bestimmt mal Schriftsteller", sagt sie dann und lächelt Moritz aufmunternd zu.

SCHÖN

Benni ist mit seinen Eltern am Strand. Alle drei spielen miteinander. Zuerst werfen sie sich abwechselnd Bennis Ball zu. Dann bauen sie eine Sandburg.

„Jetzt möchte ich mich gern ein wenig hinlegen und mir die Sonne auf den Bauch scheinen lassen", sagt Papa, als sie fertig sind.

„Das ist doch langweilig", meint Benni.

„Mir nicht."

„Und sowieso bekommst du dann einen Sonnenbrand", versucht es Benni noch mal.

„Keine Angst, ich creme mich gut ein", sagt Papa und legt sich in den Liegestuhl.

„Papa will sich immer nur ausruhen", grummelt Benni.
Er holt die Federballschläger, gibt seiner Mutter einen und stellt sich auf. Sie ist nicht begeistert, das sieht Benni ihr an.

„Pass auf!", ruft Benni, wirft den Federball in die Luft – und schlägt daneben. So geht das ein paarmal, und als Benni endlich trifft, fliegt der Federball weit an Mama vorbei. Sie holt ihn und schießt ihn zurück, doch Benni trifft nicht.
Es dauert nicht lange, bis Mama und er die Lust verlieren. Mama pustet, als wäre sie tausend Meter gelaufen. „Ich muss mich jetzt ausruhen", sagt sie.

Benni quengelt.

„Du kannst ja wohl mal allein etwas machen", murmelt Papa.

Doch dazu hat Benni keine Lust. Er schaut sich um und sieht zwei Kinder Ball spielen. „Ich frag die beiden, ob ich mitspielen darf."

„Die verstehen dich nicht", sagt Mama, „die sprechen Kroatisch."

Benni geht trotzdem zu den Kindern und wenig später
spielen sie zu dritt.
Es dauert ziemlich lange, bis er zurückkommt.
„Na, wie war's?", fragt Mama.
„Schön", antwortet Benni.
„Habt ihr euch denn verstanden?"
Benni nickt. „Die sprechen krotisch oder so, aber spielen
und lachen tun sie wie ich."

VITA

Manfred Mai wurde am 15. Mai 1949 in Winterlingen auf der Schwäbischen Alb geboren.

Damals gab es vieles, was er wichtiger fand als Bücher zu lesen: Er spielte lieber Fußball oder baute mit seinen Freunden Hütten. Zum Leser wurde er erst später. Er studierte Pädagogik und unterrichtete an verschiedenen Realschulen. Nebenher schrieb Manfred Mai Geschichten und Gedichte. Seither erschienen zahlreiche Bücher, bislang sind es rund 150, die meisten davon für Kinder. Vor 25 Jahren erfand er die Minutengeschichten, damit Eltern den Wunsch ihrer Kinder, nach immer noch einer Geschichte, mit vielen kurzen Geschichten erfüllen können. Der Vater von zwei Töchtern zählt zu den meistgelesenen Kinder- und Jugendbuchautoren deutscher Sprache.

Vita

Dominik Rupp, geboren in Ulm am 18.09.1989 studierte Design mit dem Schwerpunkt Illustration an der Fachhochschule Münster und machte 2014 seinen Abschluss. Bereits während des Studiums begab er sich in die Selbstständigkeit und arbeitete für zahlreiche renommierte Verlage. Heute lebt und arbeitet er in Aachen.